职业教育"校企双元、产教融合型"系列教材

新能源汽车
电子电气检查与维护

XINNENGYUAN QICHE
DIANZI DIANQI JIANCHA YU WEIHU

郭建 曹勇 / 主编

化学工业出版社
·北京·

内 容 简 介

本书主要介绍了新能源汽车电子电气检查与维护的操作方法，采用模块任务式的编写体例，设置四个模块，针对线路图识读与电子元件检查、启动与充电系统检查保养、灯光与电气系统检查保养、新能源汽车空调与舒适系统检查保养进行了系统分析和操作方法讲解。

本书可作为中等职业院校新能源汽车、汽车运用与维修、汽车制造与检修等相关专业教材用书，也可作为汽车行业培训用书或广大新能源汽车行业从业者学习参考用书。

图书在版编目（CIP）数据

新能源汽车电子电气检查与维护/郭建，曹勇主编． —北京：化学工业出版社，2024.3
ISBN 978-7-122-44818-7

Ⅰ.①新… Ⅱ.①郭… ②曹… Ⅲ.①新能源-汽车-电子技术-车辆修理②新能源-汽车-电气系统-车辆修理 Ⅳ.①U469.7

中国国家版本馆CIP数据核字（2024）第032828号

责任编辑：韩庆利 杨 琪　　　装帧设计：刘丽华
责任校对：刘曦阳

出版发行：化学工业出版社
　　　　　（北京市东城区青年湖南街13号　邮政编码100011）
印　　装：河北鑫兆源印刷有限公司
787mm×1092mm　1/16　印张13½　字数242千字
2024年5月北京第1版第1次印刷

购书咨询：010-64518888　　　售后服务：010-64518899
网　　址：http://www.cip.com.cn
凡购买本书，如有缺损质量问题，本社销售中心负责调换。

定　价：45.00元　　　　　　　　　　　版权所有　违者必究

职业教育"校企双元、产教融合型"系列教材编审委员会

主　任：邓卓明

委　员：（列名不分先后）

　　　　邓卓明　郭　建　黄　轶　刘川华　刘　伟
　　　　罗　林　薛　虎　徐诗学　王贵红　袁永波
　　　　赵志章　赵　静　朱喜祥

本教材编写人员名单

主　编：郭　建　曹　勇

副主编：肖　洪　吴国毅　陈　彪　王龙平

参　编：刘　波　吕玉桥　龙　念　严　鸿　杜　秋

前言

新能源汽车产业是世界战略性新兴产业,引领新一轮科技革命和产业变革的方向。加快发展新能源汽车产业,是应对全球气候变化、改善生态环境的内在要求,对于提升我国汽车产业核心竞争力,推动汽车产业高质量发展,加快新旧动能转换具有重要的战略意义。

新能源汽车电子电气检查与维护是中等职业院校新能源汽车维修专业的专业核心课程。教材以《国家职业教育改革实施方案》为依据,融合职业技能大赛、职业资格等级证书所涉及的新能源汽车知识与技能,针对现阶段中职院校新能源汽车专业开设和学生实际学习能力情况,通过对全国多个汽车生产及服务企业、多所中职院校调研和多方研讨后编写而成,旨在充分实现"岗课赛证"综合育人,凸显以下特点。

1. 落实课程思政,实现课程育人。本书围绕立德树人根本任务,基于新能源汽车电子电气检查与维护模块化项目任务对应的职业岗位情境,挖掘课程蕴含的社会主义核心价值观、职业素养、工匠精神、中华文化等思政教育元素,有机融合形成知识、技能和思政于一体的内容体系,润物无声地使学生在课程学习过程中持续提升思想政治品质。

2. 紧扣职业情境,融通岗课赛证。本书坚持"学为中心、行动导向、做学一体"的理念,本着"实用、使用、够用"的原则,融通国家新能源汽车电子电气空调舒适技术职业资格等级证书标准,并结合课堂教学与职业技能大赛需求,采用项目模块引导的编写方法,基于行业标准、企业工作场景及工作流程,按照职业技能成长规律,精选维修生产的典型案例,形成系统化做学一体的职业岗位模块任务,使学生系统学习线路图识读与电子元件检查、启动与充电系统检查保养、灯光与电气系统检查保养、空调与舒适系统检查保养等新能源汽车电子电气检查与维护的四大核心模块,具备新能源汽车电子电气检查与维护岗位所需的核心职业能力。

3. 丰富多元资源,助推混合教学。本书模块任务均以职场工作情境作导入,具体工作任务为载体,明确的目标引领,清晰的任务实施流程,多元的学生学习测评及学习反思与拓展，并配以丰富的电子教案、课件、微课等数字化资源，助力师生协同推进以学为中心的"线上＋线下"做学测评拓一体化混合式教学课堂改革，高水平提升课堂质量。

4. 校企协同开发，提升教材质量。本书由重庆市荣昌区职业教育中心牵头主编，重庆潼南职业教育中心参与编写，吉利控股集团有限公司协助编写，重庆荣昌汽车行业协会为编写提供帮助，有效地提升了教材质量。

本书由郭建、曹勇主编，肖洪、吴国毅、陈彪、王龙平副主编，刘波、吕玉桥、龙念、严鸿、杜秋等多名教师共同参编完成。郭建、曹勇负责教材整体结构设计及审稿，曹勇编写样章。模块一由郭建、肖洪、杜秋编写，模块二由曹勇、吕玉桥、王龙平编写，模块三由刘波、严鸿、龙念编写，模块四由吴国毅、陈彪编写。编写过程中得到重庆电子工程职业学院朱游兵教授的学术指导和大力支持，重庆昭信教育研究院提出了许多宝贵的意见，提升了本书的编写质量，在此表示衷心的感谢。

本书可作为中等职业院校新能源汽车、汽车运用与维修、汽车制造与检修等相关专业教材用书，也可作为新能源汽车电子电气空调舒适技术职业资格等级证书考试用书，以及汽车行业培训用书或广大新能源汽车行业从业者学习参考用书，填补了中职新能源汽车电子电气检查与维护书证融通型教材的空白，应用前景广阔。

由于新能源汽车技术飞速发展，且各品牌存在技术差异，加之作者水平有限，书中难免存在不足之处，恳请读者不吝赐教。

编　者

目录

模块一　线路图识读与电子元件检查

- 任务一　作业安全规范检查 …………………………………………………………… 1
- 任务二　汽车电路查询判读 …………………………………………………………… 18
- 任务三　电子元件检查与判断 ………………………………………………………… 39

模块二　启动与充电系统检查保养

- 任务一　辅助蓄电池的检查 …………………………………………………………… 50
- 任务二　DC-DC 转换器检查 …………………………………………………………… 65
- 任务三　车载充电系统检查保养 ……………………………………………………… 79
- 任务四　驱动电机的检查保养 ………………………………………………………… 102

模块三　灯光与电气系统检查保养

- 任务一　仪表室内灯光检查保养 ……………………………………………………… 120
- 任务二　洗涤系统检查保养 …………………………………………………………… 132
- 任务三　全车灯光检查保养 …………………………………………………………… 160

模块四　新能源汽车空调与舒适系统检查保养

- 任务一　制冷与暖风系统检查保养 …………………………………………………… 175
- 任务二　车窗、天窗饰件检查保养 …………………………………………………… 184
- 任务三　舒适系统检查保养 …………………………………………………………… 196

参考文献

模块一 线路图识读与电子元件检查

模块概述

本模块主要介绍高压电安全作业、安全防护、维修过程中注意事项、电气系统电路图识读、电子元件类型判读及检查等相关知识及技能。通过学习，学生能完成新能源汽车电子电气系统安全作业、电路识读、电子元件检查等职业任务。

任务一 作业安全规范检查

任务定位

本任务根据汽车运用与维修（含新能源汽车）1+X 证书制度职业技能等级标准中新能源汽车电子电气空调舒适技术【初级】所对应的作业安全规范内容进行设定。

工作情境描述

一辆吉利帝豪 EV450 车主反映，车辆不能行驶，高压系统故障警告灯点亮。经维修人员详细询问车辆故障现象及故障发生的过程后，对车辆进行初步诊断，判定有高压漏电，需要做好安全防护并对车辆进行检查维修。

任务描述

维修人员在接到维修任务后，将完成以下工作：
1. 做好前期安全作业准备工作。
2. 查阅资料找出高压漏电部件位置。
3. 对高压线路进行检查。

任务目标

知识目标

1. 能说出新能源汽车的高压保护措施。
2. 能够正确识别新能源汽车高压部件。
3. 能讲述基本维修操作规程。
4. 能正确记录车辆信息。
5. 能熟练讲述高压断电方法。
6. 能熟练讲述对高压部分进行绝缘电阻检查方法。

技能目标

1. 能准确查找和写出整车基本信息。
2. 能进行规范安全作业防护。
3. 能正确使用万用表检测电压。
4. 能完成高压线路绝缘电阻检测并判断是否符合标准。

素养目标

1. 通过规范、安全有序地完成任务，养成严谨的工作态度、良好的操作习惯。
2. 通过规范安全操作，提升职业安全意识与素养。

任务实施

一、任务准备

（1）设备准备：吉利帝豪 EV450 新能源整车等。

（2）工具准备：绝缘维修工具、多功能万用表、绝缘测试仪、维修手册等。

（3）防护用品准备：绝缘垫、警示牌、绝缘帽、绝缘手套、绝缘鞋、车内四件套、车外三件套、车轮挡块等。

（4）清洁工具：抹布、拖把等。

设备与工具准备

防护用品与清洁工具准备

二、任务作业步骤

步骤一 作业人员明确"双人作业"职责分工，确定专职监护人和维修人

注意

确定维修车辆时，操作高压时必须设置专职监护人一名，监护人和维修人员必须具备国家认可的《特种作业操作证（电工）》与《初级（含）以上电工证》（职业资格证书）。

监护人工作职责：全过程监督维修人员按安全维修操作规程进行高压检查检修，规范工具使用，防护用品佩戴，备件安全保护、维修安全警示牌等是否符合要求，维修人员在做完一个操作后要告知监护人，监护人负责在作业流程单上做标记。

步骤二　安全防护

（1）检查车辆停放是否正确，安装好车辆挡块，如图1-1-1所示；进行环境检查，在车辆左前方1m处设置高压警示牌、隔离警戒栏，备好灭火器，如图1-1-2所示。

安全防护

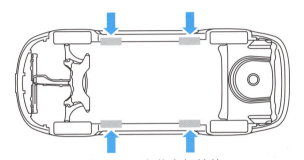

图1-1-1　安装车辆挡块

图1-1-2　环境检查

（2）铺好车内四件套（地板垫、方向盘套、座椅套、换挡杆套，如图1-1-3）和车外三件套（左翼子板布、右翼子板布、前格栅布，如图1-1-4）。

图1-1-3　车内四件套

图1-1-4　车外三件套

（3）在维修区域垫上绝缘胶垫。

（4）穿戴好防护装备，如绝缘鞋、防护镜、绝缘手套等，如图 1-1-5 所示。（根据工作情况选择相应的防高压电工手套或防电池电解液酸碱性手套，对于强电工作场景需要工作人员穿着绝缘防护服。）

  注意

使用前必须检查绝缘防护用品及绝缘工具，保证其无破损、破洞和裂纹，内外表面清洁、干燥，不能带水进行操作，确保安全。

安全防护
注意事项

步骤三　车辆信息记录

步骤四　断电前检测记录

（1）观察制动液位高度，检查高低压线路、电瓶外观有无破损，如图 1-1-6 所示。

图 1-1-5　穿戴防护用品

图 1-1-6　观察制动液位高度，检查线路、外观

（2）测量记录蓄电池静态电压、上电 DC-DC 电压，如图 1-1-7 所示。

图 1-1-7　记录蓄电池静态电压、上电 DC-DC 电压

(3)用诊断仪读取并记录故障码及相关数据流。

步骤五　高压断电作业

(1)在上电状态读取电机控制器母线电压并记录。

(2)关闭启动开关,再次打开启动开关但高压不上电,再次读取电机控制器母线电压,观察是否下降到50V以下。

(3)关闭启动开关并妥善保管钥匙,将组合仪表灯全熄灭,并等待5min以上,确保电脑通信完成,如图1-1-8所示。

图1-1-8　关闭启动开关

(4)断开低压蓄电池负极并做好防护,拆下MSD(维修开关,有的车没配置),并等待5min以上,确保高压部件内部高压自放电完成,如图1-1-9所示。

图1-1-9　拆下MSD

(5)检查并佩戴有效绝缘手套,如图1-1-10所示。

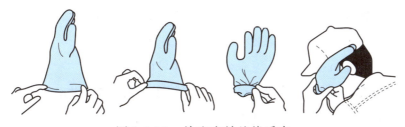

图1-1-10　检查有效绝缘手套

(6)断开动力电池与充电机之间的连接高压母线,测量正负极母线间电压,电压值应<50V,电压值≤5V时说明高压电路彻底切断。

注意

高压部件上贴有橙黄色警告标签，注意警告标签上的内容要求。为了避免触电伤害，禁止触碰高压部件、高压电缆（橙色）及其连接头。如图 1-1-11 所示。

图 1-1-11 高压部件

（7）在控制盒中断开蓄电池直流母线连接器 BV16，如图 1-1-12 所示，做好防护，再次测量 BV16 插头 1、2 脚之间的电压，检测蓄电池高压线漏电电压应＜50V，若电压值≤5V 说明高压电路彻底切断。

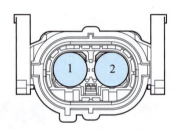

图 1-1-12 BV16 动力电池

（8）遮盖或阻隔相邻部件（区域）。

（9）在显眼处摆放"高压系统已关闭"警示牌。

步骤六 绝缘电阻检测

（一）高压电路与车身绝缘电阻检测

（1）高压配电盒正极与车身绝缘电阻测量并记录。

（2）高压配电盒负极与车身绝缘电阻测量并记录。

（二）高压电器与车身绝缘电阻检测

1. 电机系统绝缘电阻检测，从控制盒断开电机供电正负极线

（1）电机供电正极与车身绝缘电阻测量并记录。

（2）电机供电负极与车身绝缘电阻测量并记录。

2. PTC 加热系统绝缘电阻检测，从控制盒断开 PTC 供电正负极线

（1）PTC 供电正极与车身绝缘电阻测量并记录。

（2）PTC 供电负极与车身绝缘电阻测量并记录。

步骤七 高压电路恢复

（1）装复并复查各高压线接头连接状况无误。

（2）摆放"高压系统已激活"警示牌。
（3）打开点火开关读取故障码。

任务考评

1. 任务表

作业安全规范检查任务表

班级：_____ 组别：_____ 姓名：_____

一、新能源车辆信息记录

整车型号		生产日期	
驱动电机型号		动力电池额定电压	
额定功率		额定容量	
车辆识别码		行驶里程	

二、外观检查

检测项目	检测数据		检测结果
制动液位			正常☐ 异常☐
蓄电池外观	正常☐ 异常☐	低压线路外观	正常☐ 异常☐
高压部件外观	正常☐ 异常☐	高压线路外观	正常☐ 异常☐

三、断电前检测

检测项目	检测数据	检测结果
仪表指示灯		正常☐ 异常☐
蓄电池电压	静态电压（ ）V　　静态电流（ ）A 开大灯电压（ ）V　　开大灯电流（ ）A	正常☐ 异常☐
故障码		正常☐ 异常☐
相关数据流		正常☐ 异常☐

四、高压断电检测

检测项目	检测数据	检测结果
钥匙开关 OFF（＞5min）	静态电流（　　）mA	正常☐ 异常☐
直流母线漏电检测	正极母线（　）V　　负极母线（　）V	断电☐ 漏电☐
高压电路漏电检测	正极母线（　）V　　负极母线（　）V	断电☐ 漏电☐

五、绝缘电阻测量（确认高压彻底断电，≤5V）

高压绝缘电阻	高压正极与车身绝缘电阻检测	测量值（　）Ω 标准值（　）Ω	正常☐ 异常☐
	高压负极与车身绝缘电阻检测	测量值（　）Ω 标准值（　）Ω	正常☐ 异常☐

续表

高压电器绝缘电阻测量	高压电器名称：	高压电器正极与车身绝缘电阻检测	测量值（　）Ω 标准值（　）Ω	正常□	异常□
		高压电器负极与车身绝缘电阻检测	测量值（　）Ω 标准值（　）Ω	正常□	异常□
	高压电器名称：	高压电器正极与车身绝缘电阻检测	测量值（　）Ω 标准值（　）Ω	正常□	异常□
		高压电器负极与车身绝缘电阻检测	测量值（　）Ω 标准值（　）Ω	正常□	异常□

六、高压电路恢复

检查线路接头状况	正常□　异常□	高压接通警示牌	设置□　未设置□
故障码			正常□　异常□

2. 评分表

作业安全规范检查任务评分表

班级：_____　组别：_____　姓名：_____

评分项	得分条件	配分	自评	互评	师评
情意面	1. 能进行工位"7S"操作（总分：3分） （1）整理、整顿（1分） （2）清理、清洁（1分） （3）素养、节约、安全（1分） 2. 能进行设备和工具安全检查（总分：3分） 3. 能进行场地人身安全防护操作（总分：4分） （1）正确安装警戒带和高压电警示牌（2分） （2）在进行36V以上高压电作业时，穿戴绝缘手套、绝缘鞋、绝缘服及护目镜（2分） 4. 能进行工具清洁、校准及复位存放操作（总分：2分） 5. 作业过程能进行"三不落地"操作（总分：3分） （1）作业过程做到工具不落地（1分） （2）作业过程做到零件不落地（1分） （3）作业过程做到油水不落地（1分）	15	□熟练 □不熟练	□熟练 □不熟练	□合格 □不合格
技能面	1. 能正确检查线路电池外观（总分：5分） 2. 能正确检查制动液高度（总分：5分） 3. 能正确检测蓄电池两个电压（总分：5分） 4. 能正确检测蓄电池两个电流（总分：5分） 5. 能正确读故障码数据流（总分：5分）	25	□熟练 □不熟练	□熟练 □不熟练	□合格 □不合格

续表

评分项	得分条件	配分	自评	互评	师评
作业面	1. 会正确按手册要求检查线路电池外观(总分:5分) 2. 能正确按手册要求检查制动液高度(总分:5分) 3. 能正确使用万用表检测蓄电池两个电压(总分:5分) 4. 能正确使用直流表检测蓄电池两个电流(总分:5分) 5. 能正确使用诊断仪读故障码数据流(总分:5分)	25	□熟练 □不熟练	□熟练 □不熟练	□合格 □不合格
信息面	能正确使用手册查询资料(总分:10分) (1)查询各元件安装位置(4分) (2)查询各元件线路连接情况(3分) (3)查询测量点标准值(3分)	10	□熟练 □不熟练	□熟练 □不熟练	□合格 □不合格
工具及设备的使用能力	1. 能正确使用维修工具拆装(总分:2.5分) 2. 能正确使用多功能万用表(总分:2.5分) 3. 能正确使用红外测温仪(总分:2.5分) 4. 能正确操作相关开关(总分:2.5分)	10	□熟练 □不熟练	□熟练 □不熟练	□合格 □不合格
分析面	1. 能判断线路外观是否正常(总分:2分) 2. 能判断制动液位是否正常(总分:2分) 3. 能判断蓄电池电压是否正常(总分:2分) 4. 能判断蓄电池漏电是否正常(总分:2分) 5. 能判断高压断电是否正常(总分:2分)	10	□熟练 □不熟练	□熟练 □不熟练	□合格 □不合格
表单填写与报告的撰写能力	1. 字迹清晰、无错别字(总分:2分) 2. 语句通顺(总分:1分) 3. 无涂改、抄袭(总分:2分)	5	□熟练 □不熟练	□熟练 □不熟练	□合格 □不合格
总计					

知识要点

一、汽车维修安全事项

(一) 安全用电

1. 电压、电流安全等级

GB 18384—2020 将电动汽车电压等级分为 A 级电压和 B 级电压,如表 1-1-1 所示,安全方面对 A 级电压只需要基本的功能防护,降低了 A 级低压电路系统不必要的保护成本,常用在电动两轮和三轮车上。B 级电压需要基本防护和故障防护，电动汽车越来越普及，其电压可对人体构成多种伤害，在电压作用下，当流经人体的电流大于10mA时，人体将会产生危险的病理、生理反应，电流的增大、时间的增长将会产生心室纤维性颤动，乃至窒息，在瞬间或在两三分钟内就会夺去人的生命。

表1-1-1 电动车电压安全等级

电压等级	电动车直流电压/V	电动车交流电压/V
A级	$0 \leqslant U \leqslant 60$	$0 \leqslant U \leqslant 30$
B级	$60 < U \leqslant 1500$	$30 < U \leqslant 1000$

我国规定安全电压防护等级如下：42V为特别危险环境的手持电动工具用电；36V、24V为有危险环境的照明用电；12V为特别危险环境的手持照明用电；6V为水下作业用电。我国照明用电电压为220V，电动汽车电压一般都是300V左右，属于危险电压。

人体电阻一般在1000~2000Ω，当角质外层破坏时，则降到800~1000Ω。一般情况下，交流电流10mA以下及直流电流50mA以下，对人体是安全的，但如果持续时间过长，即使电流小到8~10mA，也可能使人致命。

2. 电气事故预防措施

电动汽车高压部件上贴有橙黄色警告标签，避免触电伤害，禁止随意触碰高压部件、高压电缆（橙色）及其连接头，高压线路要单手操作。禁止非专业维修人员随意拆解或改装用电设备，否则有可能导致人员或设备被高压电烧伤，人员死亡等严重后果。

电动汽车维修时未按规范操作电气设备，可能会造成人员被电击。在规定周期内按要求维护测试电气设备，对故障的设备要做标示，并移动到工作区域外。有磨损、扭结、切断、破裂或其他损坏的电线、电缆、插头与插座禁止使用，可移动电气设备的电缆线路要防受到夹压等损伤，电气设备和电线要防水防潮。禁止电气设备带故障隐患运行，违章操作、不规范操作、产品质量不合格等都可能导致电气损害事故。

（1）触电预防。直接接触电击预防技术分为绝缘、屏护和间距三类（最常见的安全措施）。绝缘就是使用不导电的物质将带电体隔离或包裹起来，绝缘电阻测试结果应大于500Ω/V。屏护是指采用遮拦、护罩、护盖、箱闸等把带电体同外界隔绝开来。间距是保证安全的必要距离。在电动汽车检修工作中，最小检修间距不应小于10cm。间距的大小取决于电压的高低、设备的类型和安装的方式等因素。

操作中穿戴好防护用具是最好的触电预防措施。

（2）电气事故急救。因电能造成的人身伤亡或设施设备毁坏、电能失控的意外事件，叫作电气事故。它包括人身伤亡和设施设备损坏两种。

触电事故造成人身伤害的急救，现场救治应争分夺秒，首要任务是采用安全而又迅速的办法切断电源或使触电者脱离电源。在使触电者脱离电源的整个过程中必须防止救援人员自身触电。常用方法有：关闭电源，挑开电线。如果触电事故现场有人员受过专门的急救训练，应立即进行现场急救，并请求医疗援助。

 注意

> 电动车触电有特殊性，可迅速拉开触电者。若触电者不幸全身趴在电动车上，抢救者可在自己脚下垫一块干燥木板或塑料板，用干燥绝缘的布条、绳子或用衣服绕成绳条状套在触电者身上将其拉离电动车。

（二）现场安全

1. 防火防爆炸

电动汽车的许多材料都是易燃品。燃烧后会产生一些有毒、有害的气体。在储存与处理易燃的材料或溶剂及焊接作业时务必遵循防火安全规范，若充电时所释出的气体具有爆炸性，切勿在充电的蓄电池或者最近刚充完电的蓄电池附近进行明火操作。

动力电池有故障时极易爆炸起火，应在专门防爆区域存放，电池储存区域内必须有干粉和水基2组以上灭火器，有2把铁锹，存放的干燥沙土不低于$1m^3$。在电池安装和维修过程中，手上和腕部不要佩戴手表等金属饰品，以免引起电池短路，发生危险。拆装电池时，请使用绝缘、专业工具，穿戴绝缘手套和绝缘鞋，严禁操作人员未穿戴保护装备徒手操作。

2. 防腐蚀防冻伤

铅酸蓄电池、制动液等是具有腐蚀性物质，对眼睛、皮肤、鼻子及喉咙具有刺激性或会造成侵蚀灼伤，皮肤接触空调制冷剂可能会导致冻伤。在操作过程中，应避免溅到眼睛、皮肤及衣物上，要穿戴适当的防护服、手套及护目镜。如果皮肤或眼睛接触到腐蚀性物质，应立即用水冲洗皮肤，用干净的水或专用的冲洗溶液冲洗眼睛且不可揉搓，视具体情况判断是否寻求医疗援助。

在工作区附近应配备冲洗设备，如眼部冲洗瓶、肥皂等，在发生溅泼事件时，可以得到及时处理。在醒目位置应设有腐蚀、冻伤危险的标志。

3. 防尘防爆炸

粉末、灰尘及尘埃可能具有刺激性、有害或有毒，避免吸入粉状的化学材料及因干燥摩擦操作所扬起的粉尘,如果通风不良,则需要佩戴呼吸面罩防护装置以防止吸入粉尘。可燃物质的细粉尘可能会造成爆炸,应杜绝火源,避免爆炸。

使用工具时,一是选择合适的尺寸和型号的工具,二是要注意保持稳定的姿势,必须控制力度,避免力道过大或不足、角度偏斜等情况,以免造成自身或他人伤害。

二、电动汽车维修安全操作规范

电动车辆的维修人员需具备一定的资质,遵守一定的安全操作规程。

(一) 人员素质及防护

1. 作业人员素质要求

(1) 操作人员不得佩戴金属物（如手表、戒指、耳机等）,工作服口袋内不得有金属物件（如钥匙、金属壳笔、手机、硬币等）;佩戴有电子/医学生命和健康维持装置（如心脏起搏器）的人不得检修高压系统（包括点火系统）。

(2) 操作人员必须穿戴必要的防护用具,严禁非专业人员对高压部件进行拆卸。

(3) 操作人员必须经过低压电工安全培训,并持有国家安全局颁发的《特种作业操作证（低压电工证）》,如图 1-1-13 所示。

图 1-1-13 《特种作业操作证》

(4) 操作人员能找出吉利 EV450 汽车上三处安全警示标志。

2. 个人防护要求

维护人员操作高压系统前必须穿戴好绝缘防护用品,需要做到如下几点。

(1) 高压操作需穿戴好绝缘防护服、绝缘鞋、防护眼镜,绝缘手套,根据工作情况选择相应的防高压电手套或防电池电解液的耐酸碱性手套。

(2) 绝缘工具使用前必须检查,保证其无破损、破洞和裂纹,内外表面清洁,干燥,不能带水进行操作,以确保安全。

(3) 高压系统下电（断开直流母线）,需要等待 5min 以上,待电机控制器、充电机等内部有电容元件的部件充分放电。

（4）在车辆上电前，注意确认是否还有人员在进行高压维修操作，避免发生危险。

（5）高压操作时必须要有监督员，高压操作人员实行单手操作。

（二）电动汽车维修场地设施配置准备

1. 绝缘工具

绝缘工具是指在操作带有电压及其他高压设备时，用于保护工作人员不被电击的工具。常见的绝缘工具有绝缘钳、绝缘螺丝刀、绝缘十字头、绝缘扳手等。在进行高压设备的操作过程中，绝缘工具是必不可少的保护工具。

绝缘工具

2. 穿戴类保护用品

穿戴类保护用品有绝缘服、绝缘靴、绝缘手套、护目镜、安全帽等。如图1-1-14所示。

穿戴类保护用品

图1-1-14　穿戴类保护用品与绝缘工具

在使用绝缘手套前，请确认无裂纹、磨损及其他损伤，检查绝缘电压。侧位放置手套，卷起手套边缘，然后松开2～3次，折叠一半开口去封住手套，若无空气泄漏则证明绝缘手套完好。绝缘手套的检查流程如图1-1-10所示。

3. 绝缘垫

绝缘垫具有较大的电阻率和耐电击穿的橡胶垫，主要在电动汽车维护时铺在地面，起到绝缘作用，在雨季湿度大或者地面潮湿时，绝缘垫会更加重要。

4. 隔离带、警示牌

作业时可用伸缩隔离带、警戒线、移动护栏杆等隔离并设置高压危险警示牌，防止无关成员随意进入作业区域造成安全隐患。如图1-1-15所示。

5. 灭火器

如图1-1-16所示，常用的灭火器分为泡沫灭火器、干粉灭火器、二氧化碳灭火器、水基灭火器。其中：泡沫灭火器可扑救油制品、油脂等无法用水来扑救的火灾；干粉灭火器可扑灭一般的火灾，还可扑灭油、气等燃烧引起的失

图 1-1-15　移动护栏杆、隔离带、警示牌

火,主要用于扑救石油、有机溶剂等易燃液体、可燃气体和电气设备的初期火灾;二氧化碳灭火器用来扑灭图书、档案、贵重设备、精密仪器、600V以下电气设备及油类的初期火灾。

当电动车发生火灾时,最有效的灭火方式是采用大量的水灭火。因为电动车起火多为电路短路起火,这种情况下为了保证人员安全,使用水基灭火器可以快速对短路产生的热量进行降温,使电能耗尽进行有效灭火。

6. 诊断仪

汽车诊断仪用于检测和诊断汽车故障,读取车辆的故障码、数据流,可以帮助维修人员快速找到故障的诊断方向并进行修复。如图 1-1-17 所示。

图 1-1-16　灭火器　　　　　　　　图 1-1-17　诊断仪

7. 万用表

万用表可以测量直流电压、交流电压、直流电流、交流电流、电阻、电容、电感等参数。在维修和故障排除中,万用表是一种必不可少的工具,可以快速、准确地测量电路的各种参数,找出问题的原因。如图 1-1-18 所示。

8. 钳形电流表

钳形电流表也叫电流钳,它的外形有点像一个钳子,有两个可移

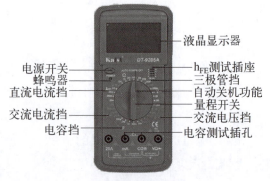

图 1-1-18　万用表

动的下颚，可以夹在被测电路中，以非接触的方式检测电流，如图 1-1-19 所示。钳形电流表有直流和交流电流测量功能，可以安全地测量高电压电路，而且不需要把电路断开，因此不会对电路造成影响。

图 1-1-19　钳形电流表

9. 兆欧表

兆欧表用于电气设备的绝缘电阻检测。如图 1-1-20 所示。绝缘电阻安全值根据用电器电压等级而不同，通常电动汽车绝缘电阻最低安全值计算基准为 500Ω/V（交流）以上。例如，346V×500Ω/V＝173kΩ，绝缘表测量电压有 500V 或 1000V 两个及以上挡位，电动汽车电池电压一般低于 500V，测量电压可选择 500V，吉利 EV450 厂家标准测量电压挡位为 1000V。绝缘表的两只表笔分别接线束的端子和绝缘层。

电动汽车最低绝缘电阻：为了更安全，厂家设置的系统监测绝缘电阻一般较高，各厂基本相同，吉利 EV450 绝缘电阻最低标准为大于或等于 20MΩ。

10. 毫欧表

毫欧表用于测量低阻值电子元器件或电路板上导线、电缆的电阻。如图 1-1-21 所示。可测量的电阻范围通常在毫欧至几十毫欧之间。毫欧表在测量电路电阻时非常准确，毫欧表是电动汽车电机绕组维修必不可少的工具。

图 1-1-20　兆欧表

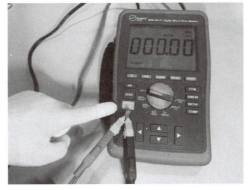

图 1-1-21　毫欧表

11. 示波器

示波器是一种测量电信号波形的仪器，包括模拟示波器和数字示波器。如图 1-1-22 所示。用于汽车传感器、线路的信号波形测试分析。

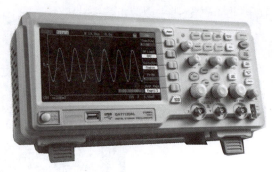

图 1-1-22 示波器

（三）高压系统上下电规范

1. 高压下电操作规范

高压下电操作规范

① 打开点火开关并高压上电，读取电机控制器高压母线电压；

② 关闭点火开关后再次打开点火开关（不上高压电），读取电机控制器高压母线电压应低于 50V；

③ 再关闭点火开关将钥匙妥善保管；

④ 等待 10min 或更长时间，待汽车进行休眠，才能断开低压电池负极端子；

⑤ 戴好绝缘手套，拆除维修开关，测量确认高压电器电容放电完成，断开的高压线路用绝缘乙烯胶带包裹插接器。

2. 恢复系统高压上电规范

恢复系统高压上电规范

在对电动车辆维修完毕后，要由高压电维修技师恢复系统运行。

① 目视检查高压连接及高压系统的接插口、螺孔连接都正确锁止，高压电缆清洁、外观完好。

② 确认无人操作汽车，装上维修开关并锁闭。打开点火开关读取并清除所有系统的故障码。

③ 系统正常后，高压上电读取电机控制器高压母线电压是否正常。

④ 把"高压系统已关闭"的警示标签从车辆上移除。在车辆显眼的位置贴上"高压系统已激活"的警示标签。

任务测评

一、选择题

1. 电气事故的损害包括（　　）。

A. 人身伤亡、设施设备损坏　　B. 触电事故、静电事故

C. 雷电灾害、电路故障

2. 特别危险环境的手持电动工具用电安全电压为（　　）。

A. 42V　　　　　B. 36V、24V　　　　C. 6V

3. 有危险环境的照明用电安全电压为（　　）。

A. 42V　　　　　B. 36V、24V　　　　C. 6V

4. 电击防护用具包括绝缘靴、绝缘服、护目镜和（　　）。

A. 电阻表　　　　B. 万用表　　　　　C. 绝缘手套

二、判断题

1. 电动汽车电压一般都是300V左右，不是危险电压。（　　）

2. 电流小到8～10mA，绝对不会使人致命。（　　）

3. 维修电动汽车不用参加过专门电气的培训、不需授权就可以检修电动车辆。（　　）

4. 在检查或维修高压系统时，不用断开低压电池负极端子。（　　）

5. 断开低压电池负极端子后，戴好绝缘手套就可以检查或维修高压系统。（　　）

三、填空题

1. 绝缘电阻测试仪分为_____和_____两种。

2. 人体电阻一般在_____左右，当角质外层破坏时，则降到_____。

3. 在使用绝缘手套前，请确认_____、_____及其他损伤，检查_____。

四、解答题

电动汽车维修安全操作规程是什么？

学习反思

可以从如下角度进行反思（不少于200字）：

1. 对这节课的学习你满意吗？达到你期望的水平了吗？
2. 这节课中你最满意的地方是哪里？
3. 这节课上你有哪些问题还没有解决？为什么？
4. 这节课让你觉得不足的地方在哪里？
5. 课堂上有出乎你意料的事件发生吗？你是如何解决的？
6. 如果让你重新学习这节课，你会怎样学习？

任务二　汽车电路查询判读

任务定位

本任务根据汽车运用与维修（含新能源汽车）1＋X 证书制度职业技能等级标准中新能源汽车【初级】所对应的电路图识读内容进行设定。

工作情境描述

一辆吉利帝豪 EV450 车主反映，车辆在上电后，踩下加速踏板，车辆原地不动。经维修人员详细询问车辆故障现象及故障发生的过程后，对车辆进行初步诊断，判定需要对电子油门进行检查维修，根据维修计划进行电路图查询。

任务描述

维修人员在接到维修任务后，将完成以下工作：
1. 做好前期维修准备工作。
2. 查阅资料找出电子电气元件位置。
3. 对电子油门线路图进行识图。

任务目标

知识目标

1. 能记住汽车电路常用符号和电气基础元件类型。
2. 能说出汽车电气系统的特点。
3. 能记住并讲述电路图识读方法。

技能目标

1. 能准确查找和写出电路图的代码和编号。
2. 能正确用手册找出电气位置。
3. 能完成电气线路连接针脚及功能识别。
4. 能完成电路图线路颜色识别。
5. 能完成线束连接器的查找。

素养目标

通过本任务的查找与识别技能训练，增强做事严谨细致的职业意识与素养。

任务实施

一、任务准备

（1）设备准备：吉利帝豪 EV450 新能源整车等。

（2）工具准备：绝缘维修工具、多功能万用表、绝缘测试仪、维修手册等。

（3）防护用品准备：绝缘垫、警示牌、绝缘帽、绝缘手套、绝缘鞋、车内四件套、车外三件套、车轮挡块等。

（4）清洁工具：抹布、拖把等。

二、任务作业步骤

步骤一　做好分工和安全防护
步骤二　车辆信息记录
步骤三　常用颜色识别

请写出下列字母所对应的颜色：

B—　　　G—　　　P—　　　R—
BL—　　O—　　　Y—　　　W—

步骤四　电路符号识别

请写出下列符号代表的含义：

步骤五　电路识图

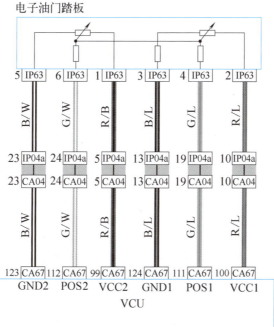

(1) 找出传感器信号线并识别线路颜色及连接VCU的针脚号。
(2) 找出传感器电源正极线并识别线路颜色及连接VCU的针脚号。
(3) 找出传感器电源负极线并识别线路颜色及连接VCU的针脚号。

步骤六　查手册写出IP63的含义及找出其端视图在手册中的位置
步骤七　查手册写出IP04a的含义及找出其端视图在手册中的位置
步骤八　查手册写出CA67的含义及找出其端视图在手册中的位置
步骤九　在任务表中完成IP63端子和CA67端子画出电子油门线路连接线

任务考评

1. 任务表

汽车电路查询判读任务表

班级：_____　组别：_____　姓名：_____

一、新能源车辆信息记录

整车型号		生产日期	
驱动电机型号		动力电池额定电压	
额定功率		额定容量	
车辆识别码		行驶里程	

二、根据指定元件查询维修手册找到相关电路图及端视图，记录电路信息

检测项目	针脚编号	线颜色(中文)	针脚功能	与VCU相连的针脚号
电子油门传感器				
电子油门传感器相关电路图信息				记录所查询的电路图在维修手册位置
电子油门传感器电路相关的IP63、IP04a、CA67端视图信息	端子名称	维修手册页码		记录所查询的端视图在维修手册位置
	IP63			
	IP04a			
	CA67			

续表

三、标注连线

IP63 线束连接器端子   CA67 线束连接器端子

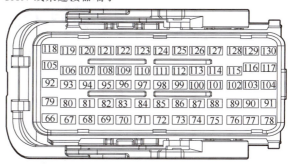

2. 评分表

汽车电路查询判读任务评分表

班级：_____ 组别：_____ 姓名：_____

评分项	得分条件	配分	自评	互评	师评
情意面	1. 能进行工位"7S"操作(总分:4分) (1)整理、整顿(1分) (2)清理、清洁(1分) (3)素养、节约、安全(2分) 2. 能进行车辆安全防护操作(总分:4分) (1)正确安装车辆绝缘翼子板布和格栅垫(1分) (2)正确安装车内四件套(1分) (3)正确安装后车轮挡块(1分) (4)正确安装警戒带和高压电警示牌(1分) 3. 能进行"三不落地"操作(总分:3分) (1)作业过程做到工具不落地(1分) (2)作业过程做到零件不落地(1分) (3)作业过程做到油水不落地(1分)	10	□熟练 □不熟练	□熟练 □不熟练	□合格 □不合格
技能面	1. 能正确找到电子元件针脚线束颜色代码在手册中的位置(总分:5分,错一处扣1分) 2. 能正确找到电子元件针脚编号(总分:5分,错一处扣1分) 3. 能正确读取电子元件针脚线束颜色(总分:5分,错一处扣1分) 4. 能正确找到传感器端视图各个针脚说明在手册中的位置(总分:5分,错一处扣1分)	20	□熟练 □不熟练	□熟练 □不熟练	□合格 □不合格

续表

评分项	得分条件	配分	自评	互评	师评
作业面	1. 从电路图中读取电气元件各针脚编号（总分5分，错一处扣1分） 2. 从电路图中读取电气元件各针脚线束颜色（总分5分，错一处扣1分） 3. 从端视图中读取电气元件各针脚说明（总分:5分，错一处扣1分） 4. 确认电气元件各针脚在端子位置（总分:5分，错一处扣1分）	20	□熟练 □不熟练	□熟练 □不熟练	□合格 □不合格
信息面	1. 能正确使用手册查询资料（总分:8分） (1)查询电气元件安装位置（2分，错一处扣1分） (2)查询电气元件的电路图（2分，错一处扣1分） (3)查询电气元件的针脚端视图（2分，错一处扣1分） (4)查询控制模块的针脚端视图（2分，错一处扣1分） 2. 能在规定时间内查询所需资料（总分:10分） 3. 能正确记录所需维修信息（总分:2分）	20	□熟练 □不熟练	□熟练 □不熟练	□合格 □不合格
工具使用能力	能正确使用维修手册（总分:10分）	10	□熟练 □不熟练	□熟练 □不熟练	□合格 □不合格
分析面	1. 能判断电气元件线路颜色是否对应（总分:5分） 2. 能判断电气元件线路针脚是否相符（总分:5分） 3. 能判断电气元件端子针脚功能（总分:5分）	15	□熟练 □不熟练	□熟练 □不熟练	□合格 □不合格
表单填写与报告的撰写能力	1. 字迹清晰、无错别字（总分:2分） 2. 语句通顺（总分:1分） 3. 无涂改、抄袭（总分:2分）	5	□熟练 □不熟练	□熟练 □不熟练	□合格 □不合格
总计					

知识要点

电路识图知识

一、汽车电路的概念

电路是汽车电气系统的基本组成要素。如图1-2-1所示，一个最简单的电

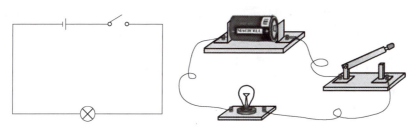

图 1-2-1 简易电路图

路由电源、用电器（灯泡）、开关三个要素组成，导线将各要素连接在一起。开关闭合后，电流从电源正极流出，经过开关、灯泡，流回电源负极。可见，要读懂电路图，首先得知道电路图中各符号的含义，并了解电流走向。

汽车电路通常由电源电路、启动电路、点火电路、照明与灯光信号装置电路、仪表信息系统电路、辅助装置电路和电子控制电路组成。它们按照各自的工作特性和彼此间的内在联系，通过中央接线盒、继电器、保险装置、电线束、插接器、保护装置及其他开关装置等连接起来形成综合网络。

（一）电源

汽车电源为蓄电池和发电机。电源电路也称充电电路，是由蓄电池、发电机、调节器及充电指示装置等组成的电路。

（二）导线与连接器

1. 导线

汽车电路的连接导线有低压线、高压线两种。如图 1-2-2 所示。

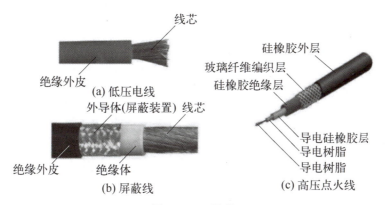

图 1-2-2 导线

（1）低压线按用途不同，可分为普通低压线、启动电缆线及蓄电池搭铁线三类。为了便于识别和维修，汽车低压导线采用不同的颜色加以区别，一般用字母来表示。采用双色线时，表示主色的字母在前，表示辅色的字母在后。通常搭铁线为黑色。在汽车电路图中，一般都标注有表示车上相应导线的截面积和颜色的符号，如 0.5BL/W 表示该导线的截面积为 $0.5mm^2$，主色为蓝色

（BL），辅色为白色（W）。如图1-2-3所示。

启动电缆线也属于铜质多芯软线，主要用于连接蓄电池与启动机电磁开关的主接线柱。该导线截面积较大，有25mm²、35mm²、50mm²、70mm²等多种规格，允许电流达500～1000A。蓄电池搭铁线一般采用铜丝编织成的扁形软导线，不带绝缘层。

（2）高压点火线简称高压线，用于发动机点火线圈至火花塞之间的高压电路。由于承受的工作电压高达10～20kV，电流强度却很小，因此高压线的绝缘层很厚、耐压性能好，但线芯截面积却很小。

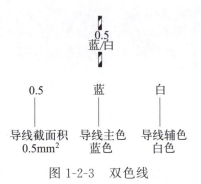

图1-2-3 双色线

小提示

> 低压线、高压线都可能用到屏蔽线，屏蔽线也称铠装电缆或同轴射频电缆，用作各种传感器和电子控制装置的信号线及汽车收音机的天线馈线等。这种导线内只有电压很低的微弱信号电流通过，为了不受外界的电磁感应干扰（如火花塞点火、发电机励磁绕组磁场的变化、电器开关开闭时产生的干扰），在其线芯外，除了有一层绝缘材料外，还覆有一层屏蔽用的导体，最外层为保护用外皮。

2. 插接器

汽车上普遍采用插接器进行导线的连接，由插头和插座两部分组成。在电路图中，通常用数字、字母及相应符号表示，图1-2-4是EV450电路图中表示插接器的电路图符号。

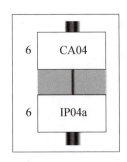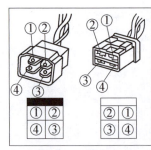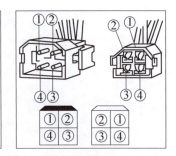

图1-2-4 EV450插接器电路图符号

其中，方框中的"CA""IP"表示线束代码，"04""04a"为连接器序列号，方框外的数字"6"表示导线与连接器上连接的引脚编号。根据电路连接的需要，插接器的针脚数不等。如图 1-2-4 所示，插接器内的针脚有片状和针状（圆柱状）两种。为了防止汽车行驶中因颠簸、振动而造成插接器脱开，插接器还设计有闭锁装置，如图 1-2-5 所示。拆卸插接器时，压下闭锁，稍用力往外拉出即可。

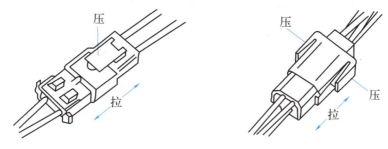

图 1-2-5　闭锁装置

（三）负载装置

负载将电源电能转换为热能、光能和动能。

（四）控制装置

控制装置通过在电路中的某个特定点接通或切断电流，使电路导通或截止。常见的电路控制装置有开关和继电器。

1. 开关

开关的种类很多，最常用的是点火开关和组合开关。

（1）点火开关俗称点火锁或点火钥匙开关，用于控制常用电器的电源电路和启动电路。为防止车辆被盗，有的在点火开关上设有转向盘锁止机构。常见的点火开关挡位有三挡位和四挡位，三挡位点火开关的位置分别为"OFF"（断）、"ON"（通）、"ST"（启动）；四挡位的点火开关除了上述这些挡位外，还有"ACC"（辅助电器）挡（图 1-2-6）。在电路图中，点火开关表示方法如图 1-2-7 所示。

图 1-2-6　"ACC" 挡

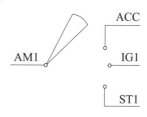

图 1-2-7　点火开关

（2）组合开关是一个多功能开关，安装在方向盘下方的转向轴外套管上。它将灯光开关（包括变光开关、超车灯开关）、转向灯开关、危险报警灯开关、雨刮器开关、洗涤器开关、喇叭按钮等组合在一起，但其功能仍然是各自独立的，如图 1-2-8 所示。

图 1-2-8　组合开关

2. 继电器

继电器是利用电磁或机电原理实现自动接通或切断一对或多对触点，它通过流经开关和继电器电磁线圈的小电流来控制用电装置的大电流，以起到减小流经开关的电流，保护开关触点不被烧蚀的作用。电路图符号如图 1-2-9 所示。

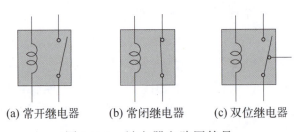

(a) 常开继电器　　(b) 常闭继电器　　(c) 双位继电器

图 1-2-9　继电器电路图符号

常见的电路控制继电器有电源继电器（又称卸荷继电器）、启动继电器、前照灯继电器、雾灯继电器、喇叭继电器、空调继电器、电子风扇继电器等。继电器按触点的不同，可分为常开继电器、常闭继电器、双位继电器（1 个常开、1 个常闭）三种，如图 1-2-10 所示。常开型继电器通电动作后接通控制电路，常闭型继电器通电动作后切断控制电路，双位继电器不动作时常闭触点接

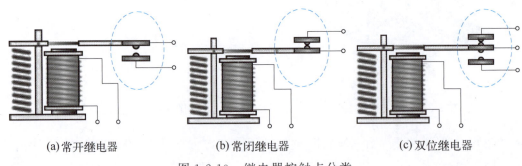

(a) 常开继电器　　　　(b) 常闭继电器　　　　(c) 双位继电器

图 1-2-10　继电器按触点分类

通、常开触点断开，如果继电器线圈通电，则变成相反的状态。

（五）电路保护装置

为防止因短路或过载造成线路或用电设备的损坏，汽车电气线路中均设有电路保护器件，有熔断器、易熔线、断路器等。

1. 熔断器

熔断器的保护元件是熔丝，串联在其所保护的电路中，如图1-2-11所示。

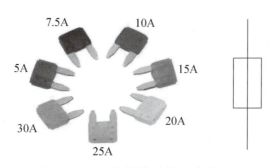

图1-2-11　熔断器及其电路符号

熔断器为一次性器件，使用时须注意：

① 熔断器熔断后，必须先查找故障原因，并彻底排除。

② 更换熔断器时，一定要与原规格相同，要特别注意不能使用比规定容量大的熔断器，否则将失去保护作用。

③ 熔断器支架与熔断器接触不良会产生电压降和发热现象。因此，要特别注意检查熔断器有无氧化现象和脏污。若有脏污和氧化物，须用细砂纸打磨，使其接触良好。

2. 易熔线

用于保护总体线路或重要电路，是截面积小于被保护电导线的可长时间通过额定电流的铜线或铝合金导线，长度一般为50～200mm，通常安装在电路的起始端（蓄电池正极附近）。当线路中有超过额定电流数倍的电流时，易熔线首先熔断（熔断过程较长）。易熔线及其电路符号如图1-2-12所示。

图1-2-12　易熔线及其电路符号

易熔线的绝缘外皮要耐热,且不能捆绑于线束内部。易熔线熔断时,一定是主电路和大电流。电路发生故障,必须先找到故障的原因,排除故障。不能随意更换比规定容量大的易熔线,或用粗导线代替。

3. 断路器

电路断路器用于正常工作时容易过载的电路,其保护电路的原理是利用双金属片受热变形使触点分离。断路器及其电路符号如图1-2-13所示。

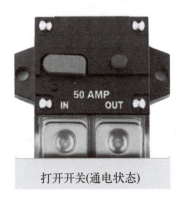 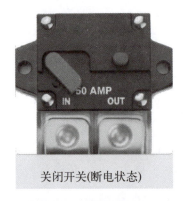 

打开开关(通电状态)　　关闭开关(断电状态)

图1-2-13　断路器及其电路符号

常见的电路断路器有两种:

① 自恢复式断路器:电路过载变形时自动切断,冷却后自动复位,如此往复直到电路不过载。

② 按压恢复式断路器:排除故障后,须按下按钮手动复位。

(六) 搭铁

负极搭铁具有对电子器件干扰少,对车架及车身电化学腐蚀小,连接牢固的优点,现在绝大多数汽车是负极搭铁。

二、电路图的基本特点

汽车电路的基本特点是单线制、用电设备并联、车身为公共搭铁、线路有颜色和编号等,并以点火开关为中心将全车电路分成几条主干线,即IG代表受点火开关控制的正极线路,通常称15号线路;ACC代表受点火开关控制的卸荷线路(控制大功率电器),也称75号线,通常称X号线;ST代表受点火开关控制的启动机线路,通常称50号线;GND一般是指负极线(搭铁线),常称31号线。

1. 单线制

单线制就是利用汽车发动机和底盘、车身等金属机件作为各种用电设备的共用连线(俗称搭铁),而用电设备到电源只需另设一根导线。任何一个电路中的电流都是从电源的正极出发，经导线流入用电设备后，通过金属车架流回电源负极而形成回路。单线制不仅可以节省材料（铜导线），使电路简化，而且便于安装和检修，降低故障率。在一些不能形成可靠的电气回路或需要精确电子信号的回路，采用双线。

2. 负极搭铁

搭铁，就是采用单线制时，将蓄电池的一个电极用导线连接到发动机或底盘灯金属车体上。若蓄电池的负极连接金属车体上，称为负极搭铁；反之，称为正极搭铁。我国标准中，规定汽车电气必须采用负极搭铁。

3. 两个电源

两个电源，就是指蓄电池和发电机两个供电电源。蓄电池是辅助电源，在汽车未运转时，向有关用电设备供电；发电机是主电源，当发动机运转到一定转速后，发电机转速达到规定的发电转速，开始向有关用电设备供电，同时对蓄电池充电。两者互补可有效地使用电设备在不同情况下都能正常工作，同时延长了蓄电池的供电时间。

4. 用电设备并联

用电设备并联，就是指汽车上的各种用电设备都采用并联的方式与电源连接，每个用电设备都由各自串联在其支路中的专用开关控制，互不产生干扰。

5. 低压直流供电

汽车电气设备采用低压直流供电，柴油车大多采用 24V 直流电压供电，汽油车大都采用 12V 直流电压供电。

三、汽车电路图识读的技能基础

1. 熟悉电路符号

通过查询手册弄清电器组件的电路符号、电气代码，掌握其含义。

2. 知道电气位置、结构、用途

对照电路符号，通过查询手册查看电气在车上的大概位置、数量和接线情况，了解电气电路信号说明、用途、结构原理。

3. 弄清开关及继电器的控制对象

汽车上的电子电气设备基本都是通过开关（包括电子开关）或继电器控制电气回路实现不同功能。开关是控制电路的关键，从"开关"入手，找到开关控制的对象，弄清开关的作用。

注意继电器既是控制开关，也是被控制对象，在分析带继电器的电路时，要分清主回路和控制回路。

4. 牢记电路回路原则

电路是从正极到负极的完整回路，电路回路中包括电源、熔断器、开关、用电器（或电子线路）、导线和连接器等。在直流电路中，电流总是要从电源的正极出发，通过导线，经熔断器、开关到达用电器，再经过导线（或车身搭铁）回到同一电源的负极，在该电路中，只要有一个地方开路，该电路将不通电工作。

四、电路读图的四种思路

思路一：沿着电路电流的流向，由电源正极出发，查找用电设备、开关、控制装置等，回到电源负极。

思路二：逆着电路电流的方向，由电源负极（搭铁）开始，经过用电设备、开关、控制装置等回到电源正极。

思路三：从用电设备开始，依次查找其控制开关、连线、控制单元，到达电源正极和搭铁（或电源负极）。

思路四：对于电脑控制的电路，以电脑为中心，找出电脑的供电电路，即正供电、负供电电路；信号电路即各类功能的开关信号、传感器信号、总线信号等电路；执行器（受控用电器）电路即电机、电磁阀、继电器、灯光等电路。

五、识读电路图的注意事项

（1）在识读电源电路时，要弄清蓄电池（电源）正极电路、负极电路。与电源正极连接的导线在到达用电器之前是电源正极电路，与负极或车身接地连接的导线在到达用电器之前为负极电路。

（2）由"集中"到"分散"，全车电路一般都是由各电器组成各自单元电路，各单元电路之间一般无回路关系。在全车电路分析识读时，分系统把单元电路从全车总图中分割出来，采用各个"击破"的办法进行识读。

（3）对于电脑模块电路的识读，要分清电脑供电线路、信号电路、用电器电路，要注意找出哪些信号传给电脑可以控制相应的电器。

六、EV450 汽车电路图符号及文字标志

汽车电路图是利用图形符号和文字符号，表示汽车电路构成、连接关系和工作原理的一种简图。为了使电路图具有通用性，构成电路图的图形符号和文字符号有统一的国家标准和国际标准。

1. EV450 空调电路图（图 1-2-14）

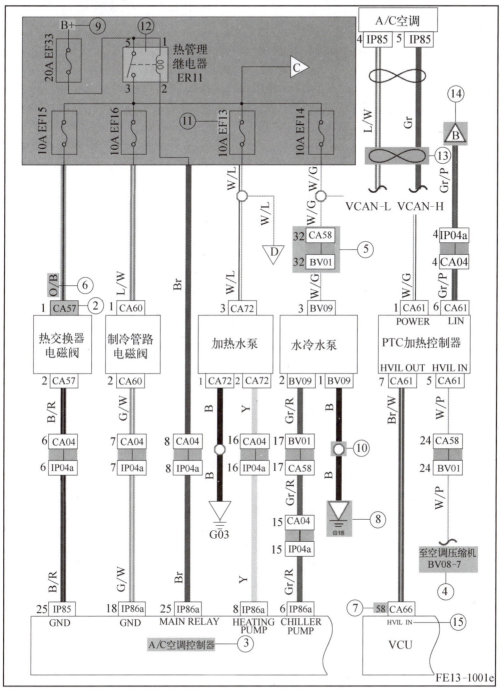

图 1-2-14　EV450 型空调电路图

2. EV450 型电路符号说明

① 系统名称。

② 线束及连接器编号。

本电路图册的线束连接器的编号规则以线束为基础，例如发动机舱线束中的发动机控制模块线束连接器编号为 CA08，其中 CA 为线束代码，08 为连接器序列号。

表 1-2-1 为各代码代表的线束。

表 1-2-1　各代码代表的线束

定义	线束名称	定义	线束名称
CA	发动机舱线束	SO	底板线束
BV	动力线束	DR	门线束
IP	仪表线束	RF	顶棚线束

 注意

a. 门线束定义包括四个车门线束。
b. 两厢车的后背门线束并入底板线束定义。
c. 三厢车的行李箱线束、后雾灯线束并入底板线束定义。
d. HVAC 总成自带线束定义为 IPXX，并在线束布置图中进行标注。
e. 线束连接器编号详细参见线束布置图。

③ 部件名称。
④ 显示此电路连接的相关系统信息。
⑤ 插头间连接采用细实线表示，并用阴影与物理线束进行区别。物理线束用粗实线表示颜色与实际导线颜色一致。
⑥ 显示导线颜色，颜色代码如表 1-2-2。

表 1-2-2　导线颜色代码

颜色代码	导线颜色	颜色代码	导线颜色
B	黑色	O	橙色
Gr	灰色	W	白色
Br	棕色	V	紫色
L	蓝色	P	粉色
G	绿色	Lg	浅绿色
R	红色	C	浅蓝色
Y	黄色		

如果导线为双色线，则第一个字母显示导线底色，第二个字母显示条纹色，中间用"/"分隔。

例如：标注为 G/B 的导线为绿色底黑色条纹。

⑦ 显示接插件的端子编号,注意相互插接的线束连接器端子编号顺序互为镜像,如图 1-2-15 所示。

⑧ 接地点编号,以 G 开头的序列号标志。接地点 8 位置详细参见接地点布置图。

⑨ 表示供给于保险丝上的电源正极,B+代表常火线,通常称 30 号线。

⑩ 导线节点。如图 1-2-16 所示。

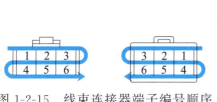

图 1-2-15　线束连接器端子编号顺序

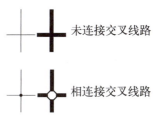

图 1-2-16　导线节点

⑪ 保险丝编号由保险丝代码和序列号组成,位于发动机舱的保险丝代码为 EF,室内保险丝代码为 IF。保险丝编号详细参见保险丝列表。

⑫ 继电器编号用单个英文字母标识。

⑬ 如果电路线与线之间使用 8 字形标志,表示此电路为双绞线,主要用于传感器的信号电路或数据通信电路。如图 1-2-17 所示。

⑭ 如果一个系统内容较多,线路需要用多页表示时,线路起点用 ▬▬▷Ａ 表示,线路到达点则用 ▬▬◁Ａ 表示。如一张图中有一条以上的线路转入下页,则分别以 B、C 等字母表示,以此类推。如图 1-2-18 所示。

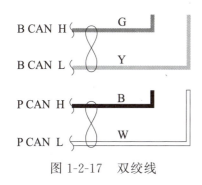

图 1-2-17　双绞线

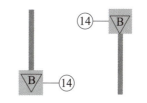

图 1-2-18　转下页/接上页标识

⑮ 端子名称,图标符号见表 1-2-3。

表 1-2-3　EV300 电路图中的元件符号

符号	含义	符号	含义
⏚ ▽G7	接地	─▭─	温度传感器

续表

符号	含义	符号	含义
	短接片		蓄电池
	电磁阀		电容
	小负载保险丝		点烟器
	中负载保险丝		天线
	大负载保险丝		常开开关
	加热器		常闭开关
	常闭继电器		双掷开关
	常开继电器		电磁阀
	双掷继电器		二极管
	电阻		光电二极管
	电位计		发光二极管
	可变电阻器		电机
	点火线圈		限位开关
	爆震传感器		安全带预紧器
			灯泡

续表

符号	含义	符号	含义
←	线路走向		启动机
	喇叭		电磁阀
	时钟弹簧		
	安全气囊		氧传感器
+	未连接交叉线路		低速风扇继电器 B
∞	双绞线	+	相连接交叉线路

3. EV450 电路手册元件布置图分类

（1）电气位置图。标识出各电气件安装位置，如图 1-2-19 所示。

（2）保险丝、继电器布置图。标识出各电气的保险丝、继电器安装位置及代码，如图 1-2-20 所示。

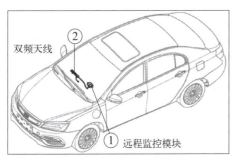

图 1-2-19　电气位置图

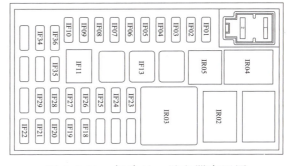

图 1-2-20　保险丝、继电器布置图

（3）线束布置图。标识出各线束安装位置及代码，如图 1-2-21 所示。

（4）线束连接器端子图。标识出连接器端子开状及针脚号，如图 1-2-22 所示。

（5）接地点布置图。标识出各接地点位置及代码，如图 1-2-23 所示。

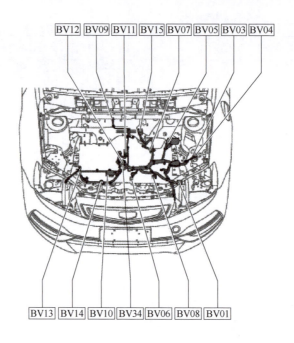

图 1-2-21 线束布置图

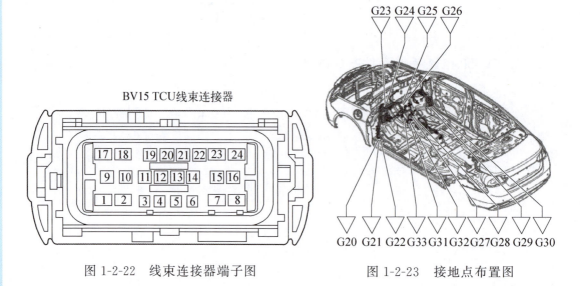

图 1-2-22 线束连接器端子图　　　图 1-2-23 接地点布置图

4. EV450 电路手册电路图分类

（1）接地线路图。图识出各电气接地电路及代码，如图 1-2-24 所示。

（2）电源线路图。图识出各电气经过保险丝或继电器的电源正极电路及代码，如图 1-2-25 所示。

（3）系统电路图。图识出各电气系统的单元电路图及代码，如图 1-2-26 所示。

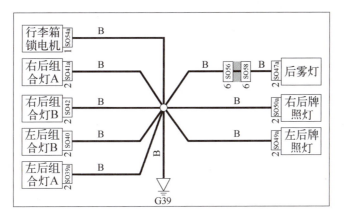

图 1-2-24 接地线路图

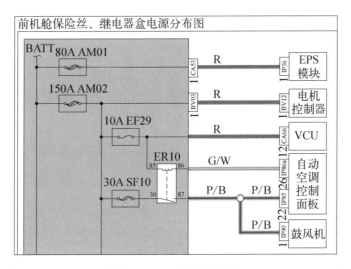

图 1-2-25 电源线路图

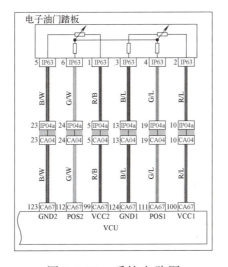

图 1-2-26 系统电路图

任务测评

一、选择题

1. 电路由（   ）、用电器（灯泡）、开关三个要素组成。
   A. 电源　　　　　　B. 转子　　　　　　C. 发电机

2. 汽车的电源由（   ）组成。
   A. 直流电机、启动机　　　　B. 蓄电池、发电机
   C. 发电机、永磁同步电机

3. 汽车电路的基本特点是单线制、（   ）、车身为公共搭铁。
   A. 用电设备串联　　B. 用电设备并联　　C. 双线制

4. 高压点火线简称高压线，承受的工作电压高达（   ）。
   A. 10～20kV　　　　B. 10～20V　　　　C. 100～200kV

二、判断题

1. 高压线不可能用到屏蔽线。（   ）
2. 点火开关的位置分别为"OFF"（断）、"ON"是（辅助电器）挡。（   ）
3. 汽车电路的基本特点之一是采用双线制。（   ）
4. 汽车电路采用正极连接车身。（   ）
5. 维修汽车不用查询手册。（   ）

三、填空题

1. 查询手册弄清电器组件的_____、_____，掌握其含义。
2. CC代表受点火开关控制的_____（控制大功率电器）。
3. 电路回路中包括_____、_____、开关、_____、导线和连接器等。

四、解答题

简述电路图识读的四种思路。

学习反思

可以从如下角度进行反思（不少于200字）：
1. 对这节课的学习你满意吗？达到你期望的水平了吗？
2. 这节课中你最满意的地方是哪里？
3. 这节课上你有哪些问题还没有解决？为什么？
4. 这节课让你觉得不足的地方在哪里？
5. 课堂上有出乎你意料的事件发生吗？你是如何解决的？
6. 如果让你重新学习这节课，你会怎样学习？

任务三　电子元件检查与判断

任务定位

本任务是基础任务，主要涉及全车线路中典型常用电子元件，如电阻、导线、熔断器、继电器等，了解其工作特性并能进行检测，为故障查找打下基础。

工作情境描述

一辆吉利帝豪EV450车主反映，车辆电量充足但是无法启动。经维修人员详细询问车辆故障现象及故障发生的过程后，对车辆进行初步诊断，判定需要对汽车保险丝、继电器进行检查维修，根据维修计划进行电路图查询。

任务描述

维修人员在接到维修任务后，将完成以下工作：
1. 做好前期维修准备工作。
2. 查阅资料找出电子元件位置。
3. 对熔断器、继电器进行检测。

任务目标

知识目标
1. 能说出常用电子元件的概念、分类和作用。
2. 能说出熔断器、继电器工作原理。
3. 能记住并讲述用数字万用表对各电学参量的测量方法。

技能目标
1. 能使用万用表检测常见电子元件。
2. 能找到故障对应的熔断器和继电器位置。
3. 会检测并判断熔断器及继电器的好坏。

素养目标
1. 通过检测与故障判断，增强主动分析问题、解决问题的意识，提升逻辑分析能力。
2. 通过积极参与团队任务，增强团结协作意识，增强人际交流沟通和团队协作能力。

任务实施

任务：拆装熔断器、继电器并检测。

一、任务目的

（1）能查找所要检测的熔断器及继电器在车上的位置。
（2）能够检测继电器并判断好坏。
（3）能有效判断熔断器的好坏。

二、任务准备

（1）知识准备：了解继电器作用及工作原理，会使用万用表。
（2）设备准备：汽车、数字万用表。
（3）防护用品准备：绝缘垫、警示牌、绝缘帽、绝缘手套、绝缘鞋、车内四件套、车外三件套、车轮挡块等。

三、任务作业步骤

1. 找到继电器、熔断器在车上的位置并拆卸

随着汽车电气设备逐渐增多，各种继电器和熔断器（保险丝）也越来越多，集中安装在汽车的中央接线盒中，一般都在发动机舱内的左侧，且位于蓄电池附近，有明显标识，可以查看手册来确定中央接线盒位置，如图1-3-1所示。

图1-3-1 中央接线盒

为了便于线路检查和故障诊断，中央接线盒盖或安装板上常标有器件名称或其缩写字母，如图1-3-2所示。根据故障可能的点，找到对应的熔断器或继电器，大部分车辆的熔断器盒自带夹子，用夹子将熔断器拔下，部分车型熔断器盒盖子内侧也有对应的说明标示。

图 1-3-2　中央接线盒盖

2. 熔断器的检测

（1）肉眼观察。熔断器两个插脚中间的连接丝断了，就说明熔断器熔断，如图 1-3-3 所示。

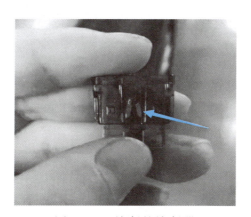

图 1-3-3　熔断的熔断器

（2）就车检测。

① 插入钥匙，将车辆通电。

② 用试电笔负极夹夹在车身搭铁上，笔尖点触保险丝表面金属触点。

③ 试笔灯灯亮，说明熔断器正常；不亮，说明熔断器有问题或者线路有问题。

3. 继电器的检测

（1）开路检测。可用万用表测量电阻判断继电器的好坏。

① 先校表，确定万用表是好的，用蜂鸣挡测量，红黑表笔接触，如果导通且伴有"滴"声，说明万用表是好的，如图 1-3-4 所示。

② 用表 $R \times 200\Omega$ 挡检查（85）脚和（86）脚阻值，应为 80Ω 左右，如图 1-3-5 所示。

图 1-3-4 万用表校表

图 1-3-5 继电器线圈电阻测量

③ 测量（30）和（87）脚间阻值，应为无穷大。即万用表显示"1"，如图 1-3-6 所示。

如检测所得结果与上述规律不符，说明继电器有问题。

（2）加电检测。如果上述检查无问题，可在（85）与（86）脚间加 12V 电压供电，用万用表检查（87）脚与（30）脚应导通，如图 1-3-7 所示。如不符合上述规律，或通电后继电器发热，均说明其已损坏。

图 1-3-6 继电器动开关触电检测

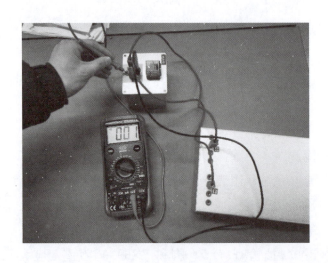
图 1-3-7 加电导通检测

注意

① 当万用表位于电阻挡时，严禁用其测试带电电路。
② 当被测电阻开路或阻值超过仪表的最大量程时，仪表将显示"1"。
③ 测量1MΩ以上电阻时，仪表要几秒后读数才能稳定。
④ 测试时，手不得触及表笔和导电部分，否则既不安全，又对测量结果造成一定影响。
⑤ 若测量出现以下两种结果则表示电阻失效。
　a. 电阻无穷大，表示断路；
　b. 电阻为零，表示短路。

 任务考评

1. 任务表

电子元件检查与判断任务表

班级：_____　组别：_____　姓名：_____

序号	项目	操作内容	分值	评分标准	得分
1	准备	清点工量具、清理工位	5分	酌情扣分	
2	拆卸	从车上拆下继电器、熔断器	25分	操作不当扣1～25分	
3	检测	检测继电器、熔断器并判断好坏	25分	操作不当扣1～25分	
4	安装	安装继电器、熔断器到车上	20分	操作不当扣1～20分	
5	完成时间	40min	10分	超时1～5min扣1～5分 超时5min以上扣10分	
6	安全文明	无安全隐患，无不文明操作	5分	未达标扣1～5分	
7	结束	工量具清洁、归位	5分	漏一项扣1分，未做扣5分；清洁不彻底扣1～5分，未做扣5分	
		工作场地清洁	5分		
总分	100分				

2. 评分表

电子元件检查与判断任务评分表

班级：_____　组别：_____　姓名：_____

评分项	得分条件	配分	自评	互评	师评
情意面	1. 能进行工位"7S"操作（总分：3分） （1）整理、整顿（1分） （2）清理、清洁（1分）	10	□熟练 □不熟练	□熟练 □不熟练	□合格 □不合格

续表

评分项	得分条件	配分	自评	互评	师评
情意面	(3)素养、节约、安全(1分) 2.能进行车辆安全防护操作(总分:4分) 　(1)正确安装车辆绝缘翼子板布和格栅垫(1分) 　(2)正确安装车内四件套(1分) 　(3)正确安装后车轮挡块(1分) 　(4)正确安装警戒带和高压电警示牌(1分) 3.能进行"三不落地"操作(总分:3分) 　(1)作业过程做到工具不落地(1分) 　(2)作业过程做到零件不落地(1分) 　(3)作业过程做到油水不落地(1分)	10	□熟练 □不熟练	□熟练 □不熟练	□合格 □不合格
技能面	1.能使用万用表检测常见电子元件(总分:5分,错一处扣1分) 2.能找到故障对应的熔断器和继电器位置(总分:6分,错一处扣1分) 3.能检测并判断熔断器及继电器的好坏(总分:9分,错一处扣1分)	20	□熟练 □不熟练	□熟练 □不熟练	□合格 □不合格
作业面	1.找到继电器、熔断器在车上的位置并拆卸(总分:5分,错一处扣1分) 2.熔断器的检测(总分:6分,错一处扣1分) 3.继电器的检测(总分:9分,错一处扣1分)	20	□熟练 □不熟练	□熟练 □不熟练	□合格 □不合格
信息面	1.能正确使用手册查询资料(总分:8分) 　(1)查询电气元件安装位置(2分,错一处扣1分) 　(2)查询电气元件的电路图(2分,错一处扣1分) 　(3)查询电气元件的针脚端视图(2分,错一处扣1分) 　(4)查询控制模块的针脚端视图(2分,错一处扣1分) 2.能在规定时间内查询所需资料(总分:10分) 3.能正确记录所需维修信息(总分:2分)	20	□熟练 □不熟练	□熟练 □不熟练	□合格 □不合格
工具及设备的使用能力	能正确使用维修手册(总分:10分)	10	□熟练 □不熟练	□熟练 □不熟练	□合格 □不合格
分析面	1.能判断电气元件线路颜色是否对应(总分:5分) 2.能判断电气元件线路针脚是否相符(总分:5分) 3.能判断电气元件端子针脚功能(总分:5分)	15	□熟练 □不熟练	□熟练 □不熟练	□合格 □不合格

续表

评分项	得分条件	配分	自评	互评	师评
表单填写与报告的撰写能力	1. 字迹清晰、无错别字(总分:2分) 2. 语句通顺(总分:1分) 3. 无涂改、抄袭(总分:2分)	5	□熟练 □不熟练	□熟练 □不熟练	□合格 □不合格
总计					

知识要点

一、电阻

电阻（Resistance，通常用"R"表示），是一个物理量，在物理学中表示导体对电流阻碍作用的大小，单位为欧、千欧、兆欧，分别用 Ω、$k\Omega$、$M\Omega$ 表示，即 $1M\Omega = 1000k\Omega = 1000000\Omega$；$1k\Omega = 1000\Omega$。

导体的电阻越大，表示导体对电流的阻碍作用越大。不同的导体，电阻一般不同，电阻是导体本身的一种特性。电阻将会导致电子流通量发生变化，电阻越小，电子流通量越大，反之亦然，而超导体则没有电阻。

二、导线

汽车电气设备的导线一般由铜质多丝软线外包绝缘层构成，包括高压导线和低压导线两种。

（一）高压导线

高压导线用来传送高压电，用来连接点火系统次级电路，即点火线圈和火花塞。其工作电压一般在 15kV 以上，但通过电流强度较小，因此线芯截面积很小，但绝缘包层很厚，如图 1-3-8 所示。它分为普通铜芯线和阻尼线，高压阻尼线可以降低火花塞产生的电磁波干扰，因此已广泛使用。

图 1-3-8　高压导线

（二）低压导线

为了便于安装、维修，不同用电设备和同一元件不同接线柱上的低压导线常用不同的颜色加以区分,我国汽车用低压导线的主色、代号和一般用途见表 1-3-1。

表 1-3-1　汽车各用电系统低压导线代号、主色、用途的规定

序号	代号	主色	用途
1	R	红	电源系统
2	W	白	点火、启动系统
3	Bl	蓝	雾灯
4	G	绿	外部照明和信号系统
5	Y	黄	车身内部照明系统
6	Br	棕	仪表、警报系统、喇叭系统
7	V	紫	收音机、点烟器、电钟等辅助系统
8	Gr	灰	各种辅助电气设备的电动机及操作系统
9	B	黑	搭铁线

有些电路图中,低压导线上标注有符号。第一部分是数字,表示导线的截面积（mm^2）;第二部分是英文字母,表示颜色,第一个字母表示导线的主色,后面的字母是辅助色。如 2.0YR,表示截面积为 2.0mm^2,带有红色条纹的黄色低压导线。

三、熔断器

熔断器俗称保险丝,在电路中起保护作用,当电路中电流异常并超过其额定电流时熔断,从而保护电路及用电设备不因短路、过载故障而过热损坏,甚至起火。可见,保险丝非常重要,某种意义上来说也是"保命丝"。

车上保险丝种类繁多,主要分为高电流和低电流保险丝。车主一般接触到的是低电流保险丝,主要为辅助车上用电器工作的继电器保险丝。

一般汽车上都有两个保险丝盒,一个负责汽车外部电器的安全,如 ECU、玻璃水、车灯、喇叭、ABS 等电路的安全保护,位于发动机舱内,如图 1-3-9

图 1-3-9　发动机舱内保险丝盒

所示；而另外一个负责车内电器的正常工作，例如点烟器、车窗、电动座椅和安全气囊等，一般位于方向盘的左侧位置，如图1-3-10所示。

图1-3-10　方向盘左侧保险丝盒

四、继电器

继电器是汽车控制电路中常见的一种电器元件，如图1-3-11所示。主要作用包括如下几个方面：

① 利用小电流来控制大电流；
② 保护开关；
③ 减少线路的压降。

继电器线圈在没通电时处于断开位置的接点为常开接点，处于接通位置的接点为常闭接点。在一个常开接点和一个常闭接点的中间，有一个动接点被称作转换接点。在同一个继电器中，可以具有一个或数个常开接点、常闭接点和转换接点。

图1-3-11　继电器

继电器安装在汽车的继电器盒中，继电器盒一般都在发动机舱内的左侧和驾驶室内的仪表台左下侧，如图1-3-12所示。

图1-3-12　继电器盒

任务测评

一、选择题

1. 继电器开路检测（30）和（87）脚电阻值是（　　）。
   A. 1　　　　　　　　B. 80　　　　　　　　C. 无穷大

2. 低压导线截面面积的选择取决于（　　）。
   A. 电流大小　　　　B. 电压大小　　　　　C. 蓄电池容量

3. 黄色熔断器，表示其额定电流大小是（　　）。
   A. 10A　　　　　　 B. 20A　　　　　　　 C. 15A

4. 万用表测量电阻时，必须（　　）。
   A. 带点测量　　　　B. 放在电路中测量　　C. 断电测量

二、判断题

1. 继电器通电后（30）和（87）脚端子是导通的。（　　）
2. 继电器只有常开继电器与常闭继电器两种类型。（　　）
3. 红色导线一般用于电源线，白色导线用在点火、启动系统。（　　）
4. 用万用表测量电阻时，手可以触及表笔和电阻等的导线部分。（　　）
5. 超导体时没有电阻的。（　　）

三、填空题

1. 继电器是一种利用_____来控制_____电路的电磁开关。
2. 汽车导线有_____导线和_____导线两种。
3. $4.6 M\Omega =$ _____ $k\Omega =$ _____ Ω。

四、解答题

详细描述继电器的工作原理。

学习反思

可以从如下角度进行反思（不少于 200 字）：
1. 对这节课的学习你满意吗？达到你期望的水平了吗？
2. 这节课中你最满意的地方是哪里？
3. 这节课上你有哪些问题还没有解决？为什么？
4. 这节课让你觉得不足的地方在哪里？
5. 课堂上有出乎你意料的事件发生吗？你是如何解决的？
6. 如果让你重新学习这节课，你会怎样学习？

 **素质拓展**

"汽车狂人"李书福

吉利汽车集团能有今天的成就可以说是李书福一步一个脚印奋斗出来的。李书福出生于浙江台州一个农村家庭,在没有高学历、背景的条件下,将吉利发展成了一个民营汽车企业巨头。

李书福从事过很多职业,曾到冰箱厂、摩托车厂、装潢厂工作,在当时的年代,汽车就是奢侈品,基本靠进口,当时一辆桑塔纳就要20多万元人民币,一辆奥迪要50多万元人民币。面对这种市场,李书福依托自己在摩托车企业工作的经历,决定要进军汽车行业,为国产汽车崛起而奋斗。"汽车不就是几个沙发和四个轮子吗?"李书福的话也让很多车友觉得太自大,"汽车狂人"就是给李书福的称号。吉利始终坚持让老百姓买得起好车的信念,开始了艰难的成长历程。到今天,吉利汽车集团已经收购了沃尔沃、阿斯顿马丁等汽车品牌,成为国际汽车巨头,如此成就也说明了李书福不是自大,而是一种抱负。目标导向,持之以恒地努力,成功就会到来。

模块二 启动与充电系统检查保养

模块概述

本模块主要介绍汽车启动系统和充电系统的作用、结构和工作原理，以及低压电源系统检查、车载充电系统检查、驱动电机检查保养技能等。通过学习，学生能运用汽车启动系统和充电系统的知识，完成新能源汽车低压电源系统检查、车载充电系统检查、驱动电机检查保养的技能操作任务。

任务一 辅助蓄电池的检查

任务定位

本任务根据汽车运用与维修（含新能源汽车）1+X证书制度职业技能等级标准中新能源汽车电子电气空调舒适技术【初级】所对应的启动与充电系统检查保养内容进行设定。

工作情境描述

一辆吉利帝豪EV450汽车用户反映，车辆开到半路，仪表报蓄电池故障。经维修人员详细询问车辆故障现象及故障发生的过程后，对车辆进行诊断，初步判定需要先对低压电源部分进行检查维修。

任务描述

维修人员在接到维修任务后，将完成以下工作：
1. 做好前期维修准备工作。

2. 查阅资料找出辅助蓄电池的选装代码、部件位置。
3. 对辅助蓄电池进行测试检查。

任务目标

知识目标

1. 能说出辅助蓄电池的作用。
2. 能准确指出辅助蓄电池的安装位置。
3. 能记住并讲述辅助蓄电池的检查方法。

技能目标

1. 能正确操作万用表、电流钳。
2. 能正确检查辅助蓄电池。

素养目标

1. 通过查阅资料及正确操作规范，增强学用结合意识，养成良好的学习态度。
2. 通过任务实施考评，提升"7S"意识和团队协作意识与能力。

任务实施

一、任务准备

（1）设备准备：吉利帝豪 EV450 新能源整车等。

（2）工具准备：绝缘维修工具、多功能万用表、电流钳、维修手册等。

（3）防护用品准备：绝缘垫、警示牌、绝缘帽、绝缘胶带、绝缘鞋、车内四件套、车外三件套、车轮挡块等。

（4）清洁工具：抹布、拖把等。

二、任务作业步骤

步骤一　安全防护

（1）检查车辆在工位上停放是否周正，安装好车辆挡块；在车辆左前方 1m 处摆放"注意有电"警示牌并拉好警戒线，如图 2-1-1 所示。

辅助蓄电池的检查 任务作业步骤

（2）铺好车内四件套和车外三件套，如图 2-1-2、图 2-1-3 所示。

（3）穿好绝缘鞋，戴好防护镜、绝缘手套，如图 2-1-2 所示。

步骤二　查阅资料

找出辅助蓄电池的选装代码规格信息，如图 2-1-3 所示。

图 2-1-1　车辆摆放示意图

图 2-1-2　正确穿戴防护用品

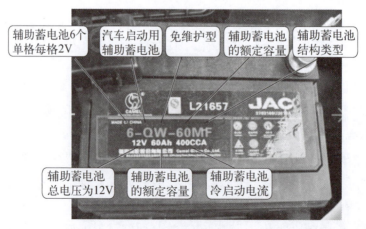

图 2-1-3　辅助蓄电池代码规格信息

步骤三　查找并记录实车的辅助蓄电池代码信息

记录此辅助蓄电池代码信息。

（1）查找并记录辅助蓄电池额定电压。

（2）查找并记录辅助蓄电池额定容量。

（3）查找并记录辅助蓄电池类型。

步骤四　检查不启动时辅助蓄电池电压

（1）检查并确认启动开关使电源模式至OFF状态，如图2-1-4所示。

（2）选择多功能万用表的电压挡，调整量程，如图2-1-5所示。

（3）用万用表直流电压20V挡位测量并读取辅助蓄电池静态电压，如图2-1-6所示。

图2-1-4　检查启动开关

图2-1-5　多功能万用表

图2-1-6　测量辅助蓄电池静态电压

 小提示

标准电压为11～14V。

步骤五　检查启动时辅助蓄电池启动电压及怠速时的充电电压

（1）选择多功能万用表的电压挡及MAX功能。

（2）检查车辆是否驻车，挡位是否挂入P挡，如图2-1-7所示。

图 2-1-7　检查车辆挡位

（3）踩住制动踏板，启动车辆 1～3s 后，熄火。

（4）读取启动时辅助蓄电池电压，操作类似图 2-1-6 所示。

（5）怠速运转时，读取辅助蓄电池充电电压。

启动低压：不低于 9.6V。充电电压：13～14V。

步骤六　检查怠速时辅助蓄电池充电电流

（1）选择电流钳的电流挡及 MAX 功能，如图 2-1-8 所示。

（2）根据电流走向，将电流钳安装至辅助蓄电池负极电缆上，如图 2-1-9 所示。

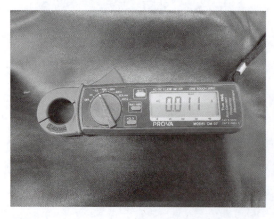

图 2-1-8　电流钳

图 2-1-9　安装电流钳

（3）怠速运转发动机一段时间，读取充电电流，如图 2-1-10 所示。

图 2-1-10　读取充电电流

 小提示

辅助蓄电池电量越充足充电电流越小。

 任务考评

1. 任务表

吉利帝豪 EV450 辅助蓄电池的检查任务表

班级：_____　组别：_____　姓名：_____

一、新能源车辆信息记录

整车型号		生产日期	
驱动电机型号		动力电池额定电压	
额定功率		额定容量	
车辆识别码		行驶里程	

二、辅助蓄电池代码信息读取

检测项目	检测数据	检测结果
辅助蓄电池额定电压		正常□　异常□
辅助蓄电池额定容量		正常□　异常□
辅助蓄电池类型		正常□　异常□

三、辅助蓄电池电压检测

检测项目	检测数据	检测结果
辅助蓄电池静态电压		正常□　异常□
辅助蓄电池启动电压		正常□　异常□
辅助蓄电池充电电压		正常□　异常□

四、怠速时辅助蓄电池充电电流检测

检测项目	检测数据	检测结果
辅助蓄电池充电电流		正常□　异常□

2. 评分表

辅助蓄电池的检查任务评分表

班级：_____ 组别：_____ 姓名：_____

评分项	得分条件	配分	扣分
情意面	1. 能进行工位"7S"操作（总分：3分） 2. 能进行设备和工具安全检查（总分：3分） 3. 能进行场地人身安全防护操作（总分：4分） （1）正确安装警戒带和高压电警示牌（2分） （2）在进行36V以上高压电作业时，穿戴绝缘手套、绝缘鞋、绝缘服及护目镜（2分） 4. 能进行工具清洁、校准及复位存放操作（总分：2分） 5. 作业过程能进行"三不落地"操作（总分：3分）	15	
技能面	1. 能识别实车的辅助蓄电池的选装代码（总分：4分） 2. 能正确检查不启动时辅助蓄电池电压（总分：2分） 3. 能正确检查启动时辅助蓄电池启动电压（总分：4分） 4. 能正确检查怠速时辅助蓄电池充电电压（总分：5分） 5. 能正确检查怠速时辅助蓄电池充电电流（总分：5分） 6. 能正确选择多功能万用表的电压挡及MAX功能（总分：5分）	25	
作业面	1. 会识别辅助蓄电池额定电压（总分：2分） 2. 会识别辅助蓄电池额定容量（总分：4分） 3. 会识别辅助蓄电池类型（总分：4分） 4. 能正确检测辅助蓄电池静态电压（总分：4分） 5. 能正确检测辅助蓄电池启动电压（总分：3分） 6. 能正确检测辅助蓄电池充电电压（总分：4分） 7. 能正确检测辅助蓄电池充电电流（总分：4分）	25	
信息面	能正确使用维修手册查询资料（总分：10分） （1）查询各元件安装位置（4分） （2）查询各元件线路连接情况（3分） （3）查询测量点标准值（3分）	10	
工具及设备的使用能力	1. 能正确使用维修工具测量（总分：5分） 2. 能正确使用多功能万用表（总分：5分）	10	
分析面	1. 能识别实车的辅助蓄电池的选装代码（总分：2分） 2. 能判断辅助蓄电池静态电压是否正常（总分：2分） 3. 能判断辅助蓄电池启动电压是否正常（总分：2分） 4. 能判断辅助蓄电池充电电压是否正常（总分：2分） 5. 能判断辅助蓄电池充电电流是否正常（总分：2分）	10	
表单填写与报告的撰写能力	1. 字迹清晰、无错别字（总分：2分） 2. 语句通顺（总分：1分） 3. 无涂改、抄袭（总分：2分）	5	
总计			

知识要点

一、铅酸蓄电池的发展史

1780年，意大利解剖学家伽伐尼在做青蛙解剖时，两手分别拿着不同的金属器械，无意中器械同时碰在青蛙的大腿，青蛙腿部的肌肉立刻抽搐了一下，仿佛受到电流的刺激，而只用一种金属器械去触碰时，青蛙却并无此种反应。伽伐尼认为是动物躯体内部产生一种电，称之为"生物电"。

1799年伏特把许多锌片与银片之间垫上浸透盐水的绒布或纸片，重叠起来。用手触摸两端时会感到强烈的电流刺激。伏特用这种方法成功制成了世界上第一个电池——"伏特电堆"，原理如图2-1-11所示。

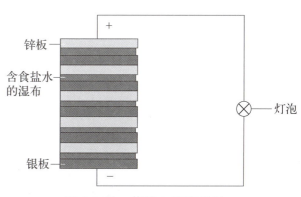

图2-1-11　伏特电堆原理图

1859年法国物理学家普兰特发明了"二次电池"，即现代铅酸蓄电池的原型。这种电池，当电池电压下降时，可以给它通以反向电流，使电池电压回升。并且用铅作电极，两个金属板之间灌装硫酸，所以称它为"蓄电池"，即铅酸蓄电池，如图2-1-12所示。

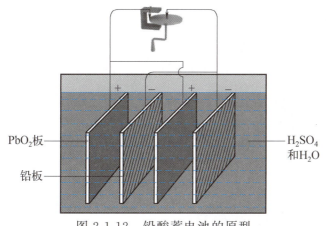

图2-1-12　铅酸蓄电池的原型

二、铅酸蓄电池的功用

蓄电池是一种将电能以化学能的形式储存并可将化学能转化为电能的装

置。蓄电池是汽车上的两个电源之一，是一种可逆直流电源，其功能主要有三种：供电、储电和稳压。

（一）供电

在 DC-DC（直流转直流电源）不充电时或电压较低时，由蓄电池向用电设备供电（汽车低压电器设备如灯光系统、仪表系统、娱乐系统、电动车窗、刮水器和各种控制器等供电），如图 2-1-13 所示。

概念解读：DC-DC 是将某一电压等级的直流电源变换其他电压等级直流电源的装置。DC-DC 按电压等级变换关系分升压电源和降压电源两类，按输入、输出关系分隔离电源和无隔离电源两类。

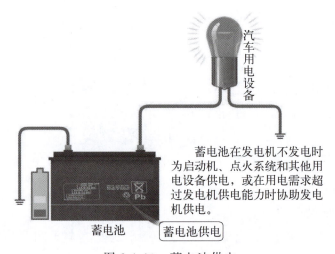

图 2-1-13　蓄电池供电

（二）储电

当汽车高速运转，DC-DC 输出电压高于蓄电池的电压时，蓄电池将 DC-DC 发出的多余电能存储起来（充电），如图 2-1-14 所示。

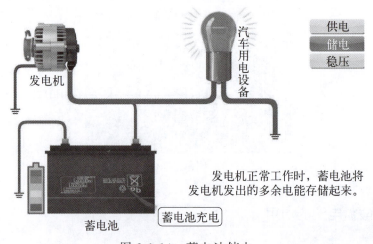

图 2-1-14　蓄电池储电

（三）稳压

蓄电池起到整车电气系统的电压稳定器的作用，如图 2-1-15 所示。它可以吸收电路中的瞬时电压，缓和电气系统的冲击电压，保持汽车电气系统电压的稳定，保护汽车上的电子元件。

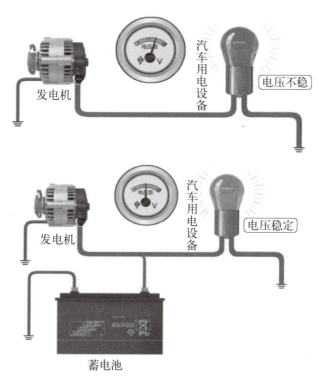

图 2-1-15　蓄电池稳压

三、辅助蓄电池安装位置

吉利帝豪 EV450 新能源车中的辅助蓄电池位于发动机舱内，蓄电池正极连接汽车低压系统正极供电端，负极经导线与车身连接，如图 2-1-16 所示。

图 2-1-16　辅助蓄电池安装位置

四、辅助蓄电池作用

辅助蓄电池主要给汽车低压电器设备如灯光系统、仪表系统、娱乐系统、电动车窗、雨刮器和各种控制器等供电。

五、辅助蓄电池类型

目前汽车上常用的辅助蓄电池主要有三种：普通蓄电池、干荷蓄电池和免维护蓄电池，如图 2-1-17 所示。

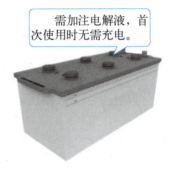
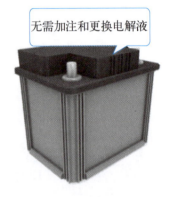

(a) 普通蓄电池　　　　　　(b) 干荷蓄电池　　　　　　(c) 免维护蓄电池

图 2-1-17　蓄电池类型

（一）普通蓄电池

极板由铅和铅的氧化物构成，电解液是硫酸的水溶液。在初次使用时需加注电解液并充电。主要优点是电压稳定、价格便宜，缺点是比能（每公斤蓄电池存储的电能）低、使用寿命短、日常维护繁杂。

（二）干荷蓄电池

全称是干式荷电铅酸蓄电池，初次使用时无需充电，加入电解液即可。主要优点是负极板有较高的储电能力，完全干燥情况下能在两年内保存所得到的电量。使用时加入电解液 20~30min 后即可使用，但维护比较麻烦。

（三）免维护蓄电池

由于自身结构上的优势，电解液的消耗量非常小，使用时无需加注和补充电解液，使用寿命一般为普通蓄电池的两倍。它还具有耐震、耐高温、体积小、自放电小、维护方便的特点，但缺点就是价格略高、使用寿命相对较短。

国家标准蓄电池以型号为 6-QW-45MF 的蓄电池为例，如图 2-1-18 所示，说明如下：

① 6 表示由 6 个单格电池组成，每个单格电池电压为 2V，即额定电压为 12V；

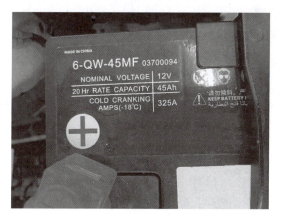

图 2-1-18　蓄电池 6-QW-45MF

② Q 表示蓄电池的用途，Q 为汽车启动用蓄电池，M 为摩托车用蓄电池，JC 为船舶用蓄电池，HK 为航空用蓄电池，D 为电动车用蓄电池，F 为阀控型蓄电池；

③ W 表示蓄电池的类型，A 表示干荷型蓄电池，W 表示免维护型蓄电池，若不标表示普通型蓄电池；

④ 45 表示蓄电池的额定容量为 45Ah（充足电的蓄电池，在常温以 20A 放电电流放电 20h 蓄电池对外输出的电量）。

六、辅助蓄电池结构

辅助蓄电池一般由 3 个或 6 个单格电池串联而成，每单格的额定电压为 2V。

（一）普通蓄电池结构

普通蓄电池主要由正负极板、隔板、电解液、外壳、接线柱等组成，如图 2-1-19 所示。极板（正负极板）是蓄电池的核心部分，蓄电池充、放电的化学反应主要是依靠极板上的活性物质与电解液进行的，由栅架和活性物质组成。

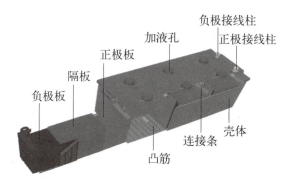

图 2-1-19　普通蓄电池结构

隔板安装在正负极之间,其作用是使正负极板尽量靠近而又不至于接触短路,以缩小蓄电池的体积。隔板耐酸,具有多孔性,以利于电解液的渗透。常用的隔板材料有木质、微孔橡胶和微孔塑料等。

电解液在蓄电池的化学反应中,起到离子间导电的作用,使极板活性物质与电解液反应,完成蓄电池的充放电过程。电解液由专用的纯硫酸和蒸馏水按一定比例配制而成,其相对密度为 1.24~1.28。

外壳多采用硬橡胶或聚丙烯塑料制成,用来盛放电解液和极板组。底部有凸起的筋条支撑极板组,凸筋之间的空间用来容纳极板脱落的活性物质,以防极板短路。

(二)免维护蓄电池结构

免维护蓄电池的主要组成部分与普通蓄电池类似,但极板的栅架材料不同,如图 2-1-20 所示。传统蓄电池用铅锑合金制造,免维护蓄电池的正极板栅架一般采用铅钙合金或铅锑合金制造,而负极板栅架均用铅钙合金制造。大多数免维护蓄电池在盖上设有一个孔形液体比重计(温度补偿型),它会根据电解液密度的变化而改变颜色。极板组多采用紧装结构来防止氧气、氢气垂直上溢,减少水分损失和活性物质脱落。各单格极板组之间采用穿壁式接法,以缩短连接条的长度,减少内阻,提高蓄电池启动性能。其内部设有温度补偿式比重计,以便于检查电解液密度,了解存电情况。

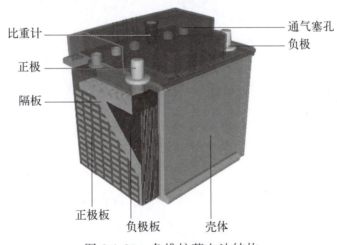

图 2-1-20 免维护蓄电池结构

七、辅助蓄电池工作原理

汽车辅助蓄电池是一种存储电能的装置,一旦连接外部负载或接通充电电路,便开始能量转换过程,工作原理就是化学能与电能之间的相互转化。蓄电池在工作过程中有放电和充电两个过程,并且蓄电池的充放电过程是可逆的。

在放电过程中，在电解液（成分是纯硫酸加蒸馏水）的作用下，正负极板上的含铅物质与电解液发生化学反应，蓄电池将化学能转化为电能而向外供电，如图 2-1-21 所示。

蓄电池与外界直流电源相连而将电能转化为化学能存储起来的过程称为充电过程。在 DC-DC 正常工作时，发出的多余的电能由蓄电池存储起来。在充电过程中，正负极板上的硫酸铅在电解液的作用下发生反应，将电能转化为化学能存储在蓄电池中，同时电解液的密度增大，如图 2-1-22 所示。

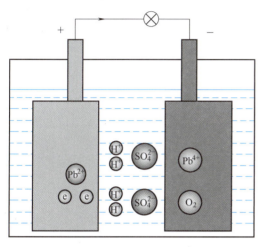 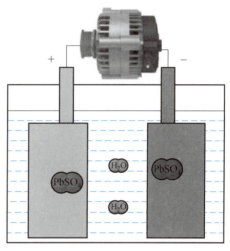

图 2-1-21　蓄电池放电过程　　　　图 2-1-22　蓄电池充电过程

任务测评

一、选择题

1. 汽车（　　）是一种存储电能的装置。

　　A. 蓄电池　　　　　B. 启动机　　　　　C. 压缩机

2. 蓄电池是汽车上的两个电源之一，是一种（　　）电源。

　　A. 可逆交流　　　　B. 可逆直流　　　　C. 不可逆直流

3. 辅助蓄电池位于发动机舱内，蓄电池正极连接汽车（　　），负极经导线与车身连接。

　　A. 低压系统负极供电端　　　　　B. 低压系统正极供电端

　　C. 高压系统正极供电端

二、判断题

1. 蓄电池是一种将电能以化学能的形式储存并可将化学能转化为电能的装置。（　　）

2. 在 DC-DC 不充电时或电压较低时，由蓄电池向用电设备供电。（　　）

3. 蓄电池起到整车电气系统的电压稳定器作用。（   ）
4. 蓄电池正极柱头保险丝额定容量为 240A。（   ）

三、填空题

1. 电动汽车辅助蓄电池的基准电压为_____V。
2. 目视免维护辅助蓄电池观察孔电量正常应为_____颜色。
3. 辅助蓄电池每单格的电压是_____V。
4. 国家标准蓄电池以型号为 6-QAW-54a 的蓄电池为例，54 表示蓄电池的_____。
5. 不启动时辅助蓄电池电压应为_____V。
6. 启动时辅助蓄电池电压应为_____V。

四、解答题

详述蓄电池的工作原理。

学习反思

可以从如下角度进行反思（不少于 200 字）：
1. 对这节课的学习你满意吗？达到你期望的水平了吗？
2. 这节课中你最满意的地方是哪里？
3. 这节课上你有哪些问题还没有解决？为什么？
4. 这节课让你觉得不足的地方在哪里？
5. 课堂上有出乎你意料的事件发生吗？你是如何解决的？
6. 如果让你重新学习这节课，你会怎样学习？

任务二　DC-DC 转换器检查

任务定位

本任务根据汽车运用与维修（含智能新能源汽车）1+X 证书制度职业技能等级标准中新能源汽车电子电气空调舒适技术【初级】模块二所对应的启动与充电系统检查保养内容进行设定。

工作情境描述

一辆吉利帝豪 EV450 汽车用户反映，车辆开到半路，仪表报蓄电池故障。经维修人员详细询问车辆故障现象及故障发生的过程后，对车辆进行诊断，初步判定需要先对低压电源部分进行检查维修。

任务描述

维修人员在接到维修任务后，将完成以下工作：
1. 做好前期维修准备工作。
2. 查阅资料找出 DC-DC 转换器线路走向、部件位置。
3. 对 DC-DC 转换器进行元件及线路检查。

任务目标

知识目标

1. 牢记并能准确描述 DC-DC 转换器作用。
2. 能说出 DC-DC 转换器的安装位置。
3. 能说出 DC-DC 转换器的检查方法。

技能目标

1. 会正确操作万用表、绝缘电阻表。
2. 会正确检查 DC-DC 转换器。

素养目标

通过情境化学习，提升学生进行有效沟通的能力。

任务实施

一、任务准备

（1）设备准备：吉利帝豪 EV450 新能源整车等。

（2）工具准备：绝缘维修工具、多功能万用表、绝缘测试仪、维修手册等。

（3）防护用品准备：绝缘垫、警示牌、绝缘帽、绝缘胶带、绝缘鞋、车内四件套、车外三件套、车轮挡块等。

（4）清洁工具：抹布、拖把等。

DC-DC 转换器检查
任务作业步骤

二、任务作业步骤

步骤一　安全防护

（1）检查车辆在工位上停放是否周正，安装好车辆挡块；在车辆左前方 1m 处摆放注意有电警示牌并拉好警戒线。

（2）铺好车内四件套和车外三件套。

（3）穿好绝缘鞋、戴好防护镜、正确检查和戴好绝缘手套。

步骤二　查阅维修手册，找出 DC-DC 转换器信息（DC-DC 转换器集成在电机控制器内部），如图 2-2-1 所示。

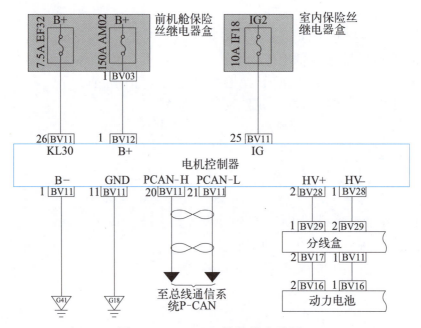

图 2-2-1　DC-DC 转换器电路图

步骤三　蓄电池电压检查

（1）检查并确认启动开关使电源模式至 OFF 状态。

（2）用万用表直流电压 20V 挡位测量并读取蓄电池电压。

 小提示

标准电压为 11～14V。

步骤四　电机控制器保险丝 RF18、EF32 和蓄电池正极柱头保险丝检查

（1）检查并确认启动开关使电源模式至 OFF 状态。

（2）在保险丝盒里面找到并拔下保险丝 RF18 和 EF32，观察保险丝额定容量是否符合标准，检查保险丝是否熔断（RF18 保险丝额定容量 10A，EF32 保险丝额定容量 7.5A），如图 2-2-2 所示。

图 2-2-2　检查保险丝 RF18 和 EF32 是否熔断

（3）在保险丝盒里面找到蓄电池正极柱头保险丝 MF02，观察保险丝额定容量是否符合标准，检查保险丝是否熔断，如图 2-2-3 所示。

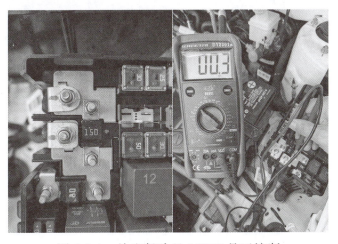

图 2-2-3　检查保险丝 MF02 是否熔断

小提示

蓄电池正极柱头保险丝额定容量为150A。

步骤五　电机控制器低压电源电压检查

（1）观察并确认启动开关使电源模式至OFF状态。

（2）断开电机控制器线束连接器BV11，如图2-2-4所示。

图2-2-4　断开电机控制器线束连接器BV11

（3）按下启动开关使电源模式至ON状态如图2-2-5所示。

图2-2-5　电源模式至ON状态

（4）用万用表直流电压20V挡测量电机控制器线束连接器BV11端子25和车身接地之间的电压值，如图2-2-6所示。

（5）用万用表直流电压20V挡测量电机控制器线束连接器BV11端子26和车身接地之间的电压值，如图2-2-7所示。

 小提示

标准电压11～14V。

图 2-2-6　测量电机控制器线束连接器 BV11 端子 25 和车身接地之间的电压值

 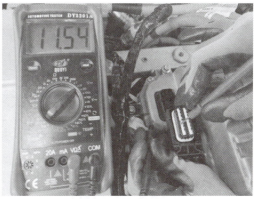

图 2-2-7　测量电机控制器线束连接器 BV11 端子 26 和车身接地之间的电压值

步骤六　检查分线盒线束

（1）观察并确认启动开关使电源模式至 OFF 状态。

（2）断开蓄电池负极电缆，如图 2-2-8 所示。

图 2-2-8　断开蓄电池负极电缆

（3）断开电机控制器高压线束连接器 BV28，如图 2-2-9 所示。

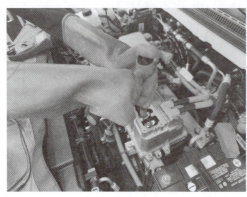

图 2-2-9　断开电机控制器高压线束连接器 BV28

（4）断开直流母线线束连接器 BV29，如图 2-2-10 所示。

图 2-2-10　断开直流母线线束连接器 BV29

（5）用万用表 200Ω 电阻挡测量电机控制器高压线束连接器 BV28 端子 1 和直流母线线束连接器 BV29 端子 1 之间的电阻，如图 2-2-11 所示。

图 2-2-11　测量 BV28 端子 1 和 BV29 端子 1 之间的电阻

（6）用万用表 200Ω 电阻挡测量电机控制器高压线束连接器 BV28 端子 2 和直流母线线束连接器 BV29 端子 2 之间的电阻，如图 2-2-12 所示。

图 2-2-12　测量 BV28 端子 2 和 BV29 端子 2 之间的电阻

 小提示

标准电阻小于 1Ω。

步骤七　检查检测 DC-DC 与蓄电池之间的线路

（1）观察并确认启动开关使电源模式至 OFF 状态。
（2）断开蓄电池负极电缆。
（3）断开电机控制器线束连接器 BV12，如图 2-2-13 所示。

检查检测 DC-DC 与蓄电池之间的线路

图 2-2-13　断开电机控制器线束连接器 BV12

（4）断开蓄电池正极电缆，如图 2-2-14 所示。
（5）用万用表 200Ω 电阻挡测量电机控制器线束连接器 BV12 端子 1 和蓄电池正极电缆之间的电阻，如图 2-2-15 所示。

 小提示

标准电阻小于 1Ω。

图 2-2-14　断开蓄电池正极电缆

图 2-2-15　测量电机控制器线束连接器 BV12 端子 1 和蓄电池正极电缆之间的电阻

步骤八　工位恢复整理，"7S"管理（如图 2-2-16 所示）。

图 2-2-16　工位恢复整理

任务考评

1. 任务表

DC-DC 转换器检查任务表

班级：_____　组别：_____　姓名：_____

一、新能源车辆信息记录

整车型号		生产日期	
驱动电机型号		动力电池额定电压	
额定功率		额定容量	
车辆识别码		行驶里程	

二、蓄电池检查

检测项目	检测数据	检测结果
蓄电池电压		正常□　异常□

续表

三、电机控制器保险丝 IF18、EF32 和蓄电池正极柱头保险丝检查

检测项目	检测数据	检测结果
保险丝额定容量		正常□ 异常□
保险丝检查		正常□ 异常□

四、电机控制器低压电源电压检查

检测项目	检测数据	检测结果
电机控制器线束连接器 BV11 端子 25 和车身接地之间的电压值		正常□ 异常□
电机控制器线束连接器 BV11 端子 26 和车身接地之间的电压值		正常□ 异常□

五、分线盒线束检查

检测项目	检测数据	检测结果
电机控制器高压线束连接器 BV28 端子 1 和直流母线线束连接器 BV29 端子 1 之间的电阻		正常□ 异常□
电机控制器高压线束连接器 BV28 端子 2 和直流母线线束连接器 BV29 端子 2 之间的电阻		正常□ 异常□

六、DC-DC 与蓄电池之间的线路检查

检测项目	检测数据	检测结果
电机控制器线束连接器 BV12 端子 1 和蓄电池正极电缆之间的电阻		正常□ 异常□

2. 评分表

DC-DC 转换器检查任务评分表

班级：_____ 组别：_____ 姓名：_____

评分项	得分条件	配分	自评	互评	师评
情意面	1. 能进行工位"7S"操作（总分：3 分） 2. 能进行设备和工具安全检查（总分：3 分） 3. 能进行场地人身安全防护操作（总分：4 分） (1) 正确安装警戒带和高压电警示牌（2 分） (2) 在进行 36V 以上高压电作业时，穿戴绝缘手套、绝缘鞋、绝缘服及护目镜（2 分） 4. 能进行工具清洁、校准及复位存放操作（总分：2 分） 5. 作业过程能进行"三不落地"操作（总分：3 分）	15	□熟练 □不熟练	□熟练 □不熟练	□合格 □不合格

续表

评分项	得分条件	配分	自评	互评	师评
技能面	1. 能正确检查蓄电池电压（总分：4分） 2. 能检查 DC-DC 转换器外观（总分：2分） 3. 能正确检查电机控制器保险丝（总分：4分） 4. 能正确检查电机控制器低压电源电压（总分：5分） 5. 能正确检查分线盒线束（总分：5分） 6. 能正确检查 DC-DC 与蓄电池之间的线路（总分：5分）	25	☐熟练 ☐不熟练	☐熟练 ☐不熟练	☐合格 ☐不合格
作业面	1. 会对蓄电池电压进行检查（总分：2分） 2. 能正确检测电机控制器保险丝（总分：4分） 3. 能正确检测蓄电池正极柱头保险丝（总分：4分） 4. 能正确检测电机控制器与车身接地之间电压（总分：4分） 5. 能正确拆装线束连接器（总分：3分） 6. 能正确测量电机控制器高压线束与直流母线之间电阻（总分：4分） 7. 能正确测量电机控制器线束与蓄电池正极电缆之间电阻（总分：4分）	25	☐熟练 ☐不熟练	☐熟练 ☐不熟练	☐合格 ☐不合格
信息面	能正确使用电机控制系统查询资料（总分：10分） （1）查询各元件安装位置（4分） （2）查询各元件线路连接情况（3分） （3）查询测量点标准值（3分）	10	☐熟练 ☐不熟练	☐熟练 ☐不熟练	☐合格 ☐不合格
工具及设备的使用能力	1. 能正确使用维修工具拆装设备（总分：5分） 2. 能正确使用多功能万用表（总分：5分）	10	☐熟练 ☐不熟练	☐熟练 ☐不熟练	☐合格 ☐不合格
分析面	1. 能判断蓄电池是否正常（总分：2分） 2. 能判保险丝是否正常（总分：2分） 3. 能判断电机控制器低压电源是否正常（总分：2分） 4. 能判断分线盒是否正常（总分：2分） 5. 能判断 DC-DC 与蓄电池之间线路是否正常（总分：2分）	10	☐熟练 ☐不熟练	☐熟练 ☐不熟练	☐合格 ☐不合格
表单填写与报告的撰写能力	1. 字迹清晰、无错别字（总分：2分） 2. 语句通顺（总分：1分） 3. 无涂改、抄袭（总分：2分）	5	☐熟练 ☐不熟练	☐熟练 ☐不熟练	☐合格 ☐不合格
总计					

知识要点

一、DC-DC 转换器概述

在纯电动汽车上，DC-DC 转换器是一个电压变换装置，如图 2-2-17 所示，它可以实现直流到直流的电量变换，有升压、降压、双向升降三种形式，是实现电气系统电能变换、传输和电气拖动的重要电气设备。具有输入过欠电压保护，输出过欠电压保护，输出过载短路保护以及过温保护功能，具有效率高、体积小、耐受恶劣工作环境等特点。

图 2-2-17　DC-DC 转换器

二、DC-DC 转换器安装位置

电动汽车中的 DC-DC 转换器（又称变压器）位于发动机舱内，单独放置或与其他部件集成在一起（如吉利帝豪 EV450，DC-DC 转换器与电机控制器集成一起），如图 2-2-18 所示，自然冷却。

 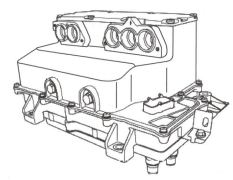

图 2-2-18　DC-DC 转换器安装位置

三、DC-DC 转换器作用

它可以将动力电池高电压转换为恒定 12V 或者 14V、24V 低电压，既能给全车电器供电，又能给辅助蓄电池充电的设备。DC-DC 转换器在纯电动汽车上的功能就相当于传统燃油车上发电机和调节器的功能。

四、DC-DC 转换器基本功能

（1）当输入直流电压在一定范围内变化时，能输出负载要求的变化范围的直流电压。

（2）输出负载要求的直流电流。能够输出足够的直流负载电流，并且能够允许在足够宽的负载变化范围内正常运行。

（3）变换器是能量传递部件，因此需要转换效率高，以便提高能源的利用率。

（4）为了降低对燃料电池的输出电压要求，变换器应具有升压功能。

五、DC-DC 转换器的类型

目前在新能源汽车上的 DC-DC 转换器主要包括三种应用类型，分别是高低压转换器、电压稳定器和高压升压器。

（一）高低压变换器

电动汽车动力电池电压过高，无法为全车电器供电，依靠 DC-DC 转换器降低电压。

（二）电压稳定器

DC-DC 转换器可防止电压波动，避免对敏感器件造成损坏。

（三）高压升压器

DC-DC 转换器作用是提高逆变器输入的总线电压，提升动力系统效率。

六、DC-DC 转换器端子定义

DC-DC 转换器有高压输入端、低压输出端及低压控制端等，其端口定义如图 2-2-19 所示。

（一）高压输入端

接收来自动力电池及高压控制盒的 290~420V 高压直流电，其端子定义如下。

图 2-2-19　DC-DC 转换器端子定义

A 脚：高压输入负极。

B 脚：高压输入正极。

（二）低压控制端

中间为高低压互锁端子。低压控制端子定义如下。

A 脚：控制电路电源正极兼使能（DC-DC 转换器使能），直流 12V 电压启动，0～1V 关机。

B 脚：电源状态信号输出（故障线），接组合仪表 T32/12。12V 高电平时故障，低电平时正常。

C 脚：控制电路电源负极，接蓄电池负极。

（三）低压输出端

低压输出正极：将经过 DC-DC 转换器转化的 12V 低压直流电输出到蓄电池正极。

低压输出负极：将经过 DC-DC 转换器转化的 12V 低压直流电输出到蓄电池负极。

七、DC-DC 转换器日常保养

（1）散热齿上尽可能减少杂物，保证散热时风道畅通；

（2）检查低压连接器是否松动，保证连接器可靠连接；

（3）检查高压连接器是否可靠连接；

（4）检查外壳是否有明显碰撞痕迹，对 DC-DC 变换器模块是否造成损坏；

（5）检查正极保险丝是否松动。

任务学习测评

一、选择题

1. （　　）不是 DC-DC 转换器特点。
   A. 效率高　　　B. 体积大　　　C. 耐恶劣工作环境
2. DC-DC 转换器将动力电池高电压转换为恒定（　　）。
   A. 直流　　　　B. 交流　　　　C. 交直流
3. DC-DC 转换器冷却方式为（　　）。
   A. 冷却液冷却　B. 油浴冷却　　C. 自然冷却

二、填空题

1. 蓄电池低压直流电是由动力电池高压直流电通过_____转换而来。
2. DC-DC 变换器它可以实现位于电量变换，有_____、_____、_____三种形式。
3. DC-DC 变换器位于_____。
4. DC-DC 转换器端口有_____、_____及_____三个端口。
5. DC-DC 转换器将动力电池的高压直流电转换为恒定电压，既给全车_____供电，又给_____充电。

三、判断题

1. DC-DC 转换器只能单独存在。（   ）
2. DC-DC 转换器功能相当于传统燃油车上发电机和调节器的功能。（   ）
3. DC-DC 转换器可以给全车用电器供电。（   ）
4. DC-DC 转换器是能量转换部件，需要转换效率高。（   ）

四、识图题

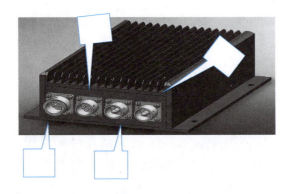

学习反思

可以从如下角度进行反思（不少于 200 字）：

1. 对这节课的学习你满意吗？达到你期望的水平了吗？
2. 这节课中你最满意的地方是哪里？
3. 这节课上你有哪些问题还没有解决？为什么？
4. 这节课让你觉得不足的地方在哪里？
5. 课堂上有出乎你意料的事件发生吗？你是如何解决的？
6. 如果让你重新学习这节课，你会怎样学习？

任务三　车载充电系统检查保养

任务定位

本任务根据汽车运用与维修（含智能新能源汽车）1＋X证书制度职业技能等级标准中新能源汽车动力驱动电机电池技术【初级】中所对应的车载充电机检查保养和新能源汽车电子电气空调舒适技术【初级】中所对应的纯电动系统车载充电系统检查保养内容进行设定。

工作情境描述

一辆吉利帝豪EV450汽车用户反映，车辆无法进行充电，充电指示灯为红色常亮。经维修人员小李详细询问车辆故障现象及故障发生的过程后，对车辆进行诊断，初步判定为充电系统故障。

任务描述

维修人员在接到维修任务后，将完成以下工作：
1. 做好前期维修准备工作。
2. 查阅资料找出充电系统的组成部件和连接方式。
3. 检查充电系统原件和线路。

任务目标

知识目标
1. 能准确描述充电系统组成元件。
2. 能描述充电口灯光的作用。
3. 能讲述车载充电机的检查方法。

技能目标
1. 能快速找出充电系统组成原件。
2. 会正确操作解码器。
3. 能测量慢充和快充充电口的绝缘电阻。
4. 能检查车载充电机的工作情况。

素养目标

提升学生安全意识和安全作业素养，培育严谨的工作习惯。

任务实施

一、任务准备

1. 设备准备：吉利帝豪 EV450 新能源整车等。

2. 工具准备：绝缘维修工具、多功能万用表、绝缘测试仪、维修手册等。

3. 防护用品准备：绝缘垫、警示牌、绝缘帽、绝缘胶带、绝缘鞋、车内四件套、车外三件套、车轮挡块等。

4. 清洁工具：抹布、拖把等。

二、任务作业步骤

步骤一　安全防护

（1）检查车辆在工位上是否停放周正，安装好车辆挡块；在车辆左前方 1m 处摆放注意有电警示牌并拉好警戒线。

（2）铺好车内四件套和车外三件套。

（3）穿好绝缘鞋、戴好防护镜、正确检查和戴好绝缘手套。

步骤二　目视检查

目视检查家用随车充电接口是否正常工作插上充电接口，发现充电指示灯亮灯，此时随车充电枪正常工作。如图 2-3-1 所示。

图 2-3-1　随车充电枪

步骤三　查阅维修手册

查阅维修手册,找出充电系统组成。如图 2-3-2 所示。

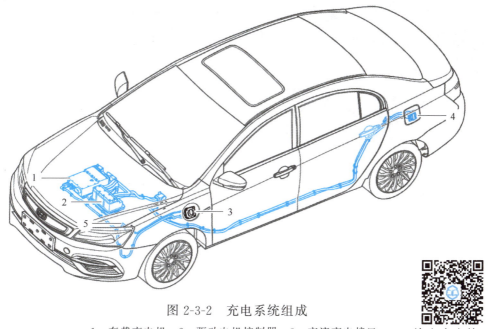

图 2-3-2　充电系统组成

1—车载充电机;2—驱动电机控制器;3—交流充电接口;
4—直流充电接口;5—交流充电接口应急解锁

检查充电接口

步骤四　检查充电接口

(1)用电笔检测充电接口绝缘处是否带电,电笔亮则漏电,电笔不亮则不漏电。如图 2-3-3 所示。

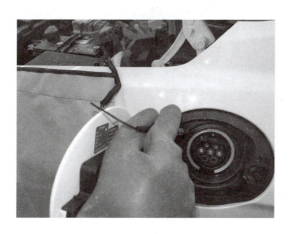

图 2-3-3　检测充电接口绝缘处是否带电

(2)目视检查交流充电接口和直流充电接口是否有异物、烧蚀等情况。如图 2-3-4 所示。

图 2-3-4 检查交流充电接口和直流充电接口是否有异物、烧蚀等情况

（3）检查充电插座和插头连接是否松动，内部是否有锈蚀的迹象。如图 2-3-5 所示。

步骤五 检查车载充电机低压电源

根据维修手册找到电路简图，如图 2-3-6 所示。

图 2-3-5 检查充电插座和插头连接是否松动，内部是否有锈蚀的迹象

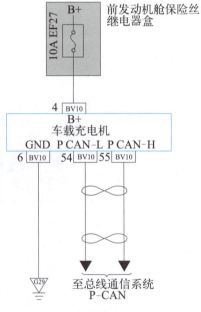

图 2-3-6 车载充电机电路简图

诊断步骤：

1. 用诊断仪访问车载充电机

如图 2-3-7 所示检查是否输出了 DTC。

是：根据输出的 DTC 维修电路。

否：检查蓄电池。如图 2-3-8 所示。

检查蓄电池与车载
充电机保险丝 EF27

图 2-3-7　诊断仪访问车载充电机

图 2-3-8　检查蓄电池

2. 检查蓄电池

① 测量蓄电池电压。电压标准电压 11～14V。

② 确认电压是否符合标准值。

否：蓄电池充电或检查充电系统。

是：检查车载充电机保险丝 EF27，如图 2-3-9 所示。

图 2-3-9　检查车载充电机保险丝 EF27

3. 检查车载充电机保险丝 EF27

检查保险丝 EF27 是否熔断。

否：转至 5。

是：检修保险丝 EF27 线路。

4. 检修保险丝线路

① 检查保险丝 EF27 线路是否有短路故障。

② 进行线路修理，确认没有线路短路现象。

③ 更换额定电流的保险丝。保险丝 EF27 的额定值为 10A。

④ 确认车载充电机是否正常工作。

是：系统正常。

否：检查车载充电机线束连接器（端子电压）。如图 2-3-10 所示。

检查车载充电机线束连接器（端子电压）

图 2-3-10　检查车载充电机线束连接器（端子电压）

5. 检查车载充电机线束连接器（端子电压）

① 操作启动开关使电源模式至 OFF 状态。

② 断开车载充电机线束连接器 BV10。

③ 操作启动开关使电源模式至 ON 状态。

④ 测量车载充电机线束连接端子 4 对车身接地的电压。如图 2-3-11 所示。

图 2-3-11　测量车载充电机线束连接端子 4 对车身接地的电压

电压标准：11～14V。

⑤ 确认电压是否符合标准值。

否：修理或更换线束。

是：检查车载充电机线束连接器（接地端子导通性）。

6. 检查车载充电机线束连接器（接地端子导通性）

① 操作启动开关使电源模式至 OFF 挡。

② 测量车载充电机线束连接器 BV10 端子 6 与车身接地之间的电阻值。如图 2-3-12 所示。

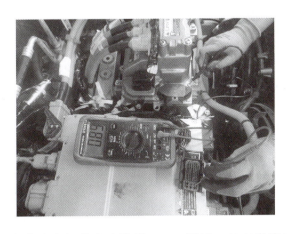

图 2-3-12　测量车载充电机线束连接器 BV10 端子 6 与车身接地之间的电阻值

电阻标准值：小于 1Ω。

③ 确认电阻是否符合标准值。

否：修理或更换线束。

是：需更换车载充电机。

7. 更换车载充电机

① 先更换车载充电机。

② 再操作启动开关使电源模式至 ON 状态，确认功能是否正常。

是：系统正常。

步骤六　检查车载充电机通信

根据维修手册找到电路简图，如图 2-3-13 所示：

诊断步骤：

1. 用诊断仪访问车载充电机

检查是否输出了 DTC。

是：根据输出的 DTC 维修电路

否：检查蓄电池。

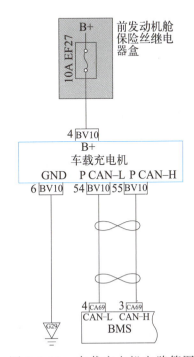

图 2-3-13　车载充电机电路简图

2. 检查蓄电池

① 测量蓄电池电压。电压标准电压 11~14V。

② 确认电压是否符合标准值。

否：蓄电池充电或检查充电系统。

是：检查车载充电机保险丝 EF27。

3. 检查车载充电机保险丝

检查保险丝 EF27 是否熔断。

否：转至 5。

是：检修保险丝 EF27 线路。

4. 检修保险丝线路

① 检查保险丝 EF27 线路是否有短路故障。

② 进行线路修理，确认没有线路短路现象。

③ 更换额定电流的保险丝。保险丝 EF27 的额定值为 10A。

④ 确认车载充电机是否正常工作。

是：系统正常。

否：需检查车载充电机线束连接器（端子电压）。

5. 检查车载充电机线束连接器（端子电压）

① 操作启动开关使电源模式至 OFF 状态。

② 断开车载充电机线束连接器 BV10。

③ 操作启动开关使电源模式至 ON 状态。

④ 测量车载充电机线束连接端子 4 对车身接地的电压。电压标准：11~14V

⑤ 确认电压是否符合标准值。

否：修理或更换线束。

是：需检查车载充电机线束连接器（接地端子导通性）。

6. 检查车载充电机线束连接器（接地端子导通性）

① 操作启动开关使电源模式至 OFF 挡。

② 测量车载充电机线束连接器 BV10 端子 6 与车身接地之间的电阻值。电阻标准值：小于 1Ω。

③ 确认电阻是否符合标准值。

否：修理或更换线束。

是：检查 BMS 线束连接器（端子电压）。如图 2-3-14 所示。

7. 检查 BMS 线束连接器（端子电压）

① 操作启动开关使电源模式至 OFF 状态。

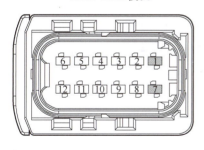 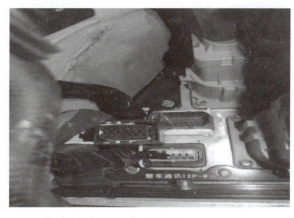

图 2-3-14　检查 BMS 线束连接器（端子电压）

② 断开 BMS 线束连接器 CA69。
③ 操作启动开关使电源模式至 ON 状态。
④ 测量 BMS 线束连接器 CA69 端子 1、7 对车身接地的电压值。如图 2-3-15 所示。

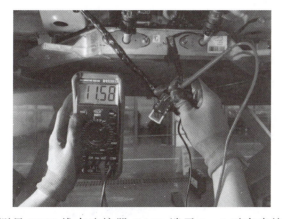

图 2-3-15　测量 BMS 线束连接器 CA69 端子 1、7 对车身接地的电压值

电压标准：11～14V
⑤ 确认电压是否符合标准值。
否：修理或更换线束。
是：检查 BMS 线束连接器（接地端子导通性）。

8. **检查 BMS 线束连接器**（接地端子导通性）
① 操作启动开关使电源模式至 OFF 挡。
② 断开 BMS 线束连接器 CA69。
③ 测量 BMS 线束连接器 CA69 端子 2 与车身接地之前的电阻值。如图 2-3-16 所示。

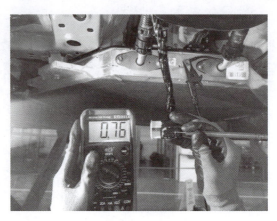

图 2-3-16　测量 BMS 线束连接器 CA69 端子 2 与车身接地之前的电阻值

电阻标准值：小于 1Ω。

④ 确认电阻是否符合标准值。

否：修理或更换线束。

是：检查车载充电机与 BMS 之间线束连接器的数据通信线。

9. 检查数据通信线

① 操作启动开关使电源模式至 OFF 状态。

② 将蓄电池负极电缆从蓄电池上断开。

③ 断开车载充电机线束连接器 BV10。

④ 从 BMS 上断开线束连接器 CA69。

⑤ 测量车载充电机线束连接器 BV10 端子 54 与 BMS 线束连接器 CA69 端子 4 之间的电阻值（自制外接线路，电阻偏大，属于标准电阻），如图 2-3-17 所示。

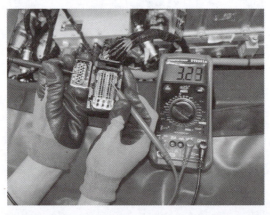

图 2-3-17　测量 BV10 端子 54 与 CA69 端子 4 之间的电阻值

⑥ 测量车载充电机线束连接器 BV10 端子 55 与 BMS 线束连接器 CA69 端子 3 之间的电阻值。测量方法同上。

电阻标准值：小于1Ω。

⑦ 确认电阻是否符合标准值。

否：修理或更换线束。

是：需更换 BMS。

10. 更换 BMS

① 先更换 BMS。

② 再操作启动开关使电源模式至 ON 状态，确认功能是否正常。

是：系统正常。

否：需更换车载充电机。

11. 更换车载充电机

① 先更换车载充电机。

② 再操作启动开关使电源模式至 ON 状态，确认功能是否正常。

是：系统正常。

步骤七　检查车载充电机高压是否漏电

根据维修手册找到电路简图，如图 2-3-18 所示。

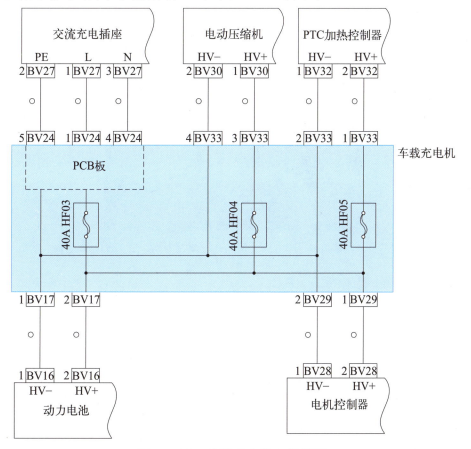

图 2-3-18　车载充电机电路简图

1. **检查车载充电机正极高压线束**

检查车载充电机正极高压线束，如图 2-3-19 所示。

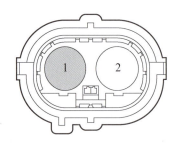

图 2-3-19　车载充电机正极高压线束

① 操作启动开关使电源模式至 OFF 状态。

② 断开直流母线（动力电池侧）线束连接器 BV16。

③ 用绝缘电阻测试仪测试 BV16 的 1 号端子与车身接地之间的绝缘电阻，如图 2-3-20 所示。

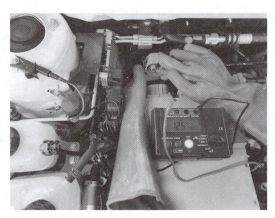

图 2-3-20　测试 BV16 的 1 号端子与车身接地之间的绝缘电阻

标准电阻：大于或等于 20MΩ。

④ 确认测量值是否符合标准。

是：转至 3。

否：依次检查电机控制器、车载充电机、PTC 加热器、电动压缩机、充电接口正极对地电阻。

2. **依次检查绝缘电阻**

① 操作启动开关使电源模式至 OFF 状态。

② 按照上述方法，用绝缘电阻测试仪依次检查电机控制器、车载充电机、

PTC加热器、电动压缩机、充电接口正极与车身接地之间的绝缘电阻。测量方法与图2-3-20相同。

标准电阻：大于或等于20MΩ。

 注意

测试时其他零部件应断开高压接插件。

③ 确认测量值是否符合标准。

否：修理或更换故障部件。

是：检查车载充电机负极高压线束。

3. 检查车载充电机负极高压线束

① 操作启动开关使电源模式至OFF状态。

② 断开直流母线（动力电池侧）线束连接器BV16。

③ 用绝缘电阻测试仪测试BV16的2号端子与车身接地之间的绝缘电阻。

标准电阻：大于或等于20MΩ。

④ 确认测量值是否符合标准。

是：转至5。

否：依次检查电机控制器、车载充电机、PTC加热器、电动压缩机、充电接口负极对地电阻。

4. 依次检查绝缘电阻

① 操作启动开关使电源模式至OFF状态。

② 按照上述方法，用绝缘电阻测试仪依次检查电机控制器、车载充电机、PTC加热器、电动压缩机、充电接口负极与车身接地之间的绝缘电阻。测量方法与图2-3-20相同。

标准电阻：大于或等于20MΩ。

 注意

测试时其他零部件应断开高压接插件。

③ 确认测量值是否符合标准。

否：修理或更换故障部件。

是：检查动力电池负极高压线束，如图2-3-21所示。

5. 检查动力电池负极高压线束

① 操作启动开关使电源模式至OFF状态。

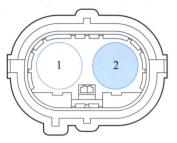

图 2-3-21　BV17 接车载充电机线束连接器

② 断开直流母线（车载充电机侧）线束连接器 BV17。

③ 用绝缘电阻测试仪测试 BV17 的 2 号端子与车身接地之间的绝缘电阻，如图 2-3-22 所示。

图 2-3-22　测试 BV17 的 2 号端子与车身接地之间的绝缘电阻

标准电阻：大于或等于 20MΩ。

④ 确认测量值是否符合标准。

是：转至 7。

否：检查动力电池负极高压线束。

6. 检查动力电池负极高压线束

① 操作启动开关使电源模式至 OFF 状态。

② 断开直流母线（车载充电机侧）线束连接器 BV17。

③ 用绝缘电阻测试仪测试 BV17 的 1 号端子与车身接地之间的绝缘电阻。

标准电阻：大于或等于 20MΩ。

④ 确认测量值是否符合标准。

否：修理或更换故障部件。

是：需更换动力电池。

任务考评

1. 任务表

车载充电系统检查保养任务表

班级：_____ 组别：_____ 姓名：_____

一、新能源车辆信息记录

整车型号		生产日期	
驱动电机型号		动力电池额定电压	
额定功率		额定容量	
车辆识别码		行驶里程	

二、慢充和快充充电口检查

检测项目	检测数据	检测结果
慢充充电口的绝缘电阻		正常□ 异常□
检测项目	检测数据	检测结果
快充充电口的绝缘电阻		正常□ 异常□
检测项目	检测数据	检测结果
目视检查慢充充电口的异物、烧蚀		正常□ 异常□
检测项目	检测数据	检测结果
目视检查快充充电口的异物、烧蚀		正常□ 异常□

三、车载充电机低压电源检查

检测项目	检测数据	检测结果
蓄电池电压		正常□ 异常□
保险丝 EF27 检查		正常□ 异常□
车载充电机线束连接端子 4 对车身接地的电压		正常□ 异常□
车载充电机线束连接器 BV10 端子 6 与车身接地之间的电阻值		正常□ 异常□

四、车载充电机通信检查

检测项目	检测数据	检测结果
蓄电池电压		正常□ 异常□
保险丝 EF27 检查		正常□ 异常□
车载充电机线束连接端子 4 对车身接地的电压		正常□ 异常□
车载充电机线束连接器 BV10 端子 6 与车身接地之间的电阻值		正常□ 异常□
BMS 线束连接器 CA69 端子 1、7 对车身接地的电压值		正常□ 异常□

续表

检测项目	检测数据	检测结果
BMS 线束连接器 CA69 端子 2 与车身接地之前的电阻值		正常□ 异常□
车载充电机线束连接器 BV10 端子 54 与 BMS 线束连接器 CA69 端子 4 之间的电阻值		正常□ 异常□
车载充电机线束连接器 BV10 端子 55 与 BMS 线束连接器 CA69 端子 3 之间的电阻值		正常□ 异常□

五、车载充电机高压漏电检查

检测项目	检测数据	检测结果
BV16 的 1 号端子与车身接地之间的绝缘电阻		正常□ 异常□
BV16 的 2 号端子与车身接地之间的绝缘电阻		正常□ 异常□
BV17 的 1 号端子与车身接地之间的绝缘电阻		正常□ 异常□
BV17 的 2 号端子与车身接地之间的绝缘电阻		正常□ 异常□

2. 评分表

车载充电系统检查保养任务评分表

班级：_____ 组别：_____ 姓名：_____

评分项	得分条件	配分	扣分
情意面	1. 能进行工位"7S"操作(总分:3分) 2. 能进行设备和工具安全检查(总分:3分) 3. 能进行场地人身安全防护操作(总分:4分) (1)正确安装警戒带和高压电警示牌(2分) (2)在进行 36V 以上高压电作业时,穿戴绝缘手套、绝缘鞋、绝缘服及护目镜(2分) 4. 能进行工具清洁、校准及复位存放操作(总分:2分) 5. 作业过程能进行"三不落地"操作(总分:3分)	15	
技能面	1. 能正确检查蓄电池电压(总分:4分) 2. 能检查充电口处是否有异物、烧蚀等情况,并清理(总分:3分) 3. 能检查车载充电机及电缆有无破损(总分:3分) 4. 能测量车载充电机及电缆的绝缘电阻(总分:3分) 5. 能检查车载充电机的工作情况(总分:5分) 6. 能检查车载充电系统电路保险丝、熔断器、继电器、车载控制器、高压线路是否正常,有无漏电,确认是否需要维修(总分:7分)	25	

续表

评分项	得分条件	配分	扣分
作业面	1. 会对蓄电池电压进行检查(总分:1分) 2. 能正确检测快充和慢充口绝缘电阻(总分:1分) 3. 会目视检查快充充电口的异物、烧蚀等情况(总分:1分) 4. 能正确检测车载充电机保险丝(总分:2分) 5. 能正确检测蓄车载充电机线束连接端子4对车身接地的电压(总分:2分) 6. 能正确检测车载充电机线束连接器BV10端子6与车身接地之间的电阻值(总分:2分) 7. 能正确检测BMS线束连接器CA69端子1、7对车身接地的电压值(总分:2分) 8. 能正确检测BMS线束连接器CA69端子2与车身接地之前的电阻值(总分:2分) 9. 能正确测量车载充电机线束连接器BV10端子54与BMS线束连接器CA69端子4之间的电阻值(总分:2分) 10. 能正确测量车载充电机线束连接器BV10端子55与BMS线束连接器CA69端子3之间的电阻值(总分:2分) 11. 能正确测量BV16的1号端子与车身接地之间的绝缘电阻(总分:2分) 12. 能正确测量BV16的2号端子与车身接地之间的绝缘电阻(总分:2分) 13. 能正确测量BV16的2号端子与车身接地之间的绝缘电阻(总分:2分) 14. 能正确测量BV17的2号端子与车身接地之间的绝缘电阻(总分:2分)	25	
信息面	能正确查询车载充电系统资料(总分:10分) (1)查询各元件安装位置(4分) (2)查询各元件线路连接情况(3分) (3)查询测量点标准值(3分)	10	
工具及设备的使用能力	1. 能正确使用维修工具拆装设备(总分:5分) 2. 能正确使用多功能万用表(总分:5分)	10	
分析面	1. 能判断蓄电池是否正常(总分:2分) 2. 能判断保险丝是否正常(总分:2分) 3. 能判断车载充电机低压电源是否正常(总分:2分) 4. 能判断车载充电机通信是否正常(总分:2分) 5. 能判断车载充电机高压漏电是否正常(总分:2分)	10	
表单填写与报告的撰写能力	1. 字迹清晰、无错别字(总分:2分) 2. 语句通顺(总分:1分) 3. 无涂改、抄袭(总分:2分)	5	
总计			

知识要点

一、功能介绍

充电系统从功能上分为快充、慢充、低压充电、制动能量回收四项。

（一）快充（直流高压充电）

当直流充电设备接口连接到整车直流充电口，直流充电设备发送充电唤醒信号给 BMS，BMS 根据动力电池的可充电功率，向直流充电设备发送充电电流指令。同时 BMS 吸合系统高压正极继电器和高压负极继电器，动力电池开始充电。充电时间：48 分钟即可。

（二）慢充

当车辆处于交流充电模式下，车载充电机检测交流充电接口的 CC、CP 信号（充电枪插入，导通信号）并唤醒 BMS，BMS 唤醒车载充电机并发送充电指令，同时闭合主继电器，动力电池开始充电。

（三）低压充电

高压上电前，低压电路系统依赖 12V 铅酸蓄电池供电。当高压上电后，电机控制器将动力电池的高压直流电转换成 12V 低压直流电为铅酸蓄电池充电。

（四）制动能量回收

制动能量回收系统的作用是在车辆滑行或制动过程中，驱动电机从驱动状态转变成发电状态，将车辆的动能转换为电能储存在动力电池中。

车辆在滑行或制动时，VCU 根据当前动力电池状态和制动踏板位置信号，计算能量回收扭矩并发送指令给电机控制器，启动能量回收。制动能量回收传递路线与能量消耗相反。

二、充电接口

交流充电口安装在车上左前翼子板上，直流充电口安装在车身左后侧。充电时，根据选择的充电类型，连接交流充电插头或者直流充电插头到相应的充电插座，连接正确后开始充电。充电口连接后形成检测回路，当出现连接故障时，系统可以检测该故障。

三、充电指示灯

充电指示灯位于车辆充电接口上方，用于指示不同的充电状态。在任意电源挡位，当 BCM 收到 BMS 的充电状态信息时，驱动充电指示灯工作，显示充电状态。充电指示灯状态显示定义如表 2-3-1。

表 2-3-1 充电指示灯状态显示

颜色	状态	说明
白色	常亮 2min	充电照明
黄色	常亮 2min	充电加热
绿色	闪烁 2min	充电过程
蓝色	常亮 2min	预约充电
绿色	常亮 2min	充电完成
红色	常亮 2min	充电故障
蓝色	闪烁 2min	放电过程

上述显示信号中"正在充电"状态为即时显示,"充电完成""充电故障"为延时关闭显示——收到相应的状态信号时会显示相应的状态,15min 后自动熄灭,期间若充电状态变化(如由"充电故障"变为"正在充电"状态)则立即切换为相应的状态。充电指示灯由 BMS 信号提供给 BCM,BCM 控制指示灯状态。

四、充电口照明灯

充电口照明灯为白色,直接由 BCM 控制。充电口照明灯控制逻辑:

(1) 当高压电池处于未充电的状态时,充电口盖打开,BCM 立即驱动充电口照明灯工作 3min,工作期间检测到充电枪插入 3s 后停止驱动,或充电口盖关闭则立即停止驱动充电口照明灯。

(2) 当充电口盖为打开状态,车门状态由关闭变为打开状态,BCM 立即驱动充电口照明灯工作 3min,工作期间当高压电池转变为充电状态 3s 后停止驱动,或充电口盖关闭则立即停止驱动充电口照明灯。

(3) OFF 挡时,当充电口盖为打开状态,BCM 接收到 PEPS 发送的解锁信息,则立即驱动充电口照明灯工作 3min,工作期间如收到车辆上锁信息或充电口盖变为关闭状态则立即驱动充电口照明灯熄灭。

(4) OFF 挡时,当充电口盖为打开状态,BCM 接收到 PEPS 发送的遥控寻车信息,则立即驱动充电口照明灯工作 3min,工作期间如收到车辆上锁信息,延迟 3s 后熄灭或充电口盖变为关闭状态则立即驱动充电口照明灯熄灭。

(5)任意情况下,充电口盖关闭或车速大于 2km/h 则立即停止驱动充电口照明灯。

五、家用随车充电接口

家用随车充电接口随车配备,用于家用随车交流充电(应急充电)。家用随车充电接口部件如图 2-3-23 所示。

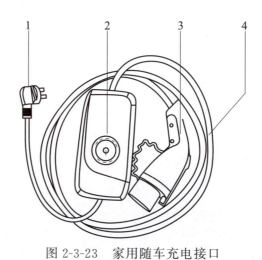

图 2-3-23 家用随车充电接口

1—三脚充电插头;2—充电枪指示灯;3—充电枪;4—充电线缆

充电枪指示灯,可以通过不同的指示灯显示状态反映当前的充电信息,随车充电枪故障显示及处理机制如表 2-3-2 所示。

表 2-3-2 随车充电枪故障显示及处理机制

显示区域	显示状态	状态说明	处理机制
	蓝色常亮	电源指示	—
	绿色循环闪烁	正在充电	—
	全部绿色常亮	充电完成	—
	全部绿色闪烁	未连接	将枪头重新插入充电座
	红色闪烁	漏电保护	重新插入充电枪

续表

显示区域	显示状态	状态说明	处理机制
	红色闪烁	过流保护	—
	红色闪烁	过压/欠压保护	—
	红色闪烁	通信异常	重新插入充电枪
	红色常亮	未接地	检查接地
	红色常亮	电源故障	检查交流电源

六、车载充电机

车载充电机是指固定安装在电动汽车上的充电机，具有为电动汽车动力电池安全、自动充满电的能力。充电机依据电池管理系统（BMS）提供的数据，能动态调节充电电流或电压参数，执行相应的动作，完成充电过程。

七、电气原理图(图 2-3-24)

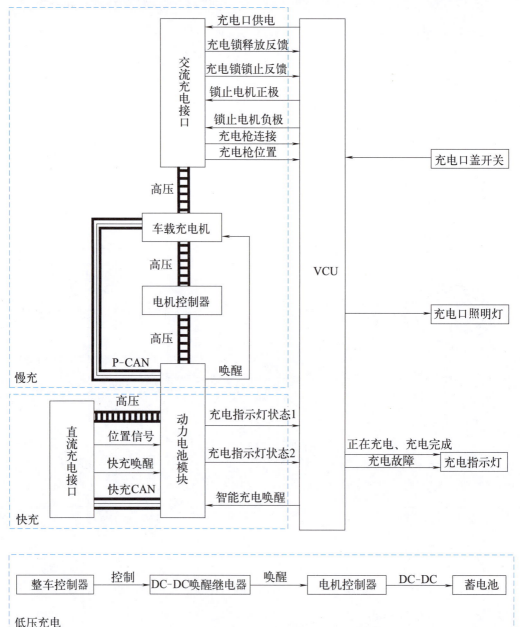

图 2-3-24 车载充电系统电气原理图

任务测评

一、选择题

1.（　　）不是充电系统的功能。

B. 快充 　　　　 B. 慢充 　　　　 C. 超慢充

2. 充电完成后，充电指示灯亮（　　）。

A. 蓝色 　　　　 B. 绿色 　　　　 C. 红色

3. 汽车正在充电，充电驱动充电口照明灯（　　）。

A. 常亮 　　　　 B. 关闭 　　　　 C. 闪烁

二、填空题

1. 充电照明灯为_____，直接由 BCM 控制。

2. 制动能量回收系统是在车辆滑行或制动过程中，驱动电机从驱动状态转变成_____。

3. 充电系统从功能上分为_____、_____、_____、制动能量回收四项。

4. 车载充电机具有为电动汽车动力电池，_____充满电的能力。

三、判断题

1. 车载充电机需有 BMS 唤醒。（　　）

2. 家用随车充电接口随车配备又叫做应急充电。（　　）

3. 检测到充电枪插入 3s 后停止驱动，或充电口盖关闭则立即停止驱动充电口照明灯。（　　）

4. 车载充电机能为动力电池充电。（　　）

四、简答题

随身充电枪故障显示有几种？应对机制是什么？

学习反思

可以从如下角度进行反思（不少于 200 字）：

1. 对这节课的学习你满意吗？达到你期望的水平了吗？
2. 这节课中你最满意的地方是哪里？
3. 这节课上你有哪些问题还没有解决？为什么？
4. 这节课让你觉得不足的地方在哪里？
5. 课堂上有出乎你意料的事件发生吗？你是如何解决的？
6. 如果让你重新学习这节课，你会怎样学习？

任务四　驱动电机的检查保养

任务定位

本任务根据汽车运用与维修（含智能新能源汽车）1+X证书制度职业技能等级标准中新能源汽车电子电气空调舒适技术【初级】所对应的启动与充电系统检查保养内容进行设定。

工作情境描述

一辆吉利帝豪EV450车主反映，车辆在上电后，踩下加速踏板，车辆原地不动。经维修人员详细询问车辆故障现象及故障发生的过程后，对车辆进行初步诊断，判定需要先对驱动电机进行检查维修。

任务描述

维修人员在接到维修任务后，将完成以下工作：
1. 做好前期维修准备工作。
2. 查阅资料找出驱动电机元件位置和型号。
3. 对驱动电机控制线路进行检查。
4. 对驱动电机故障部位进行维修。

任务目标

知识目标
1. 掌握驱动电机代码的解读方法。
2. 掌握驱动电机温度的检查方法。
3. 掌握驱动电机电路测量方法。

技能目标
1. 能准确查找和写出电机的代码和编号。
2. 能正确用万用表、绝缘测试仪和红外线温度计进行驱动电机检测。
3. 能完成驱动电机的工作温度测量并判断是否符合标准。
4. 能完成驱动电机的绝缘电阻测量并判断是否符合标准。

素养目标
1. 通过规范、安全有序地完成任务，培育学生标准化作业意识和素养。
2. 通过团队配合、协同完成检测，提升学生团队协作意识与能力。

任务实施

一、任务准备

(1) 设备准备：吉利帝豪 EV450 新能源整车等。

(2) 工具准备：绝缘维修工具、多功能万用表、绝缘测试仪、维修手册等。

(3) 防护用品准备：绝缘垫、警示牌、绝缘帽、绝缘手套、绝缘鞋、车内四件套、车外三件套、车轮挡块等。

(4) 清洁工具：抹布、拖把等。

二、任务作业步骤

步骤一　安全防护

(1) 检查车辆在工位上是否停放周正，安装好车辆挡块；在车辆左前方 1m 处摆放警示牌并拉好警戒线。

(2) 铺好车内四件套和车外三件套。

(3) 穿好绝缘鞋，戴好防护镜、绝缘手套。

步骤二　查阅维修手册，找出驱动电机信息（如图 2-4-1 所示）

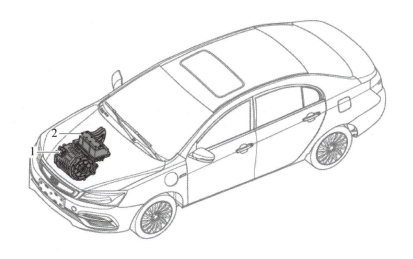

(a) 部件位置

图 2-4-1

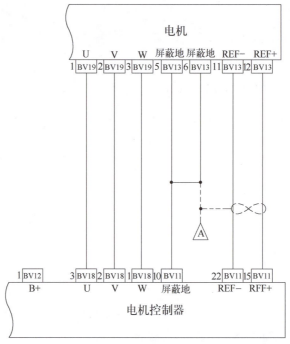

(b) 驱动信息

图 2-4-1 驱动电机信息

1—驱动电机；2—电机控制器

步骤三 检查电机工作温度

（1）打开红外测温仪，正确设置测量参数，如图 2-4-2 所示。

（2）将红外线温度检测仪对准电机，读取并记录此时电机工作温度，如图 2-4-3 所示。

检查电机工作温度

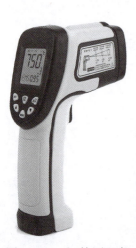

图 2-4-2 红外测温仪

图 2-4-3 读取电机工作温度

步骤四 确认高压回路切断

（1）按照要求操作启动开关使电源模式至OFF状态。

（2）断开蓄电池负极电缆。

（3）断开直流母线。

确认高压回路切断

（4）断开电机控制器高压线束连接器并静待5min。

（5）校准万用表，用万用表20V直流电压挡检测电机控制器正负极电压，如图2-4-4所示。（小提示：标准电压≤5V。）

步骤五 检测电机绕组与机壳绝缘阻值

（1）对高压绝缘检测仪进行校准，如图2-4-5所示。

检测电机绕组与机壳绝缘阻值

图2-4-4 检测电机控制器正负极电压

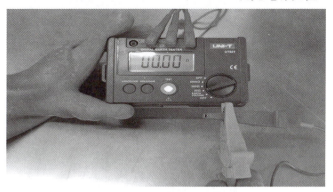

图2-4-5 校准高压绝缘检测仪

（2）将高压绝缘检测仪的挡位调至1000V，检测三相线束U端子与电机壳体之间的电阻，如图2-4-6所示。标准电阻：大于或等于20MΩ。

图2-4-6 检测三相线束U端子与电机壳体之间的电阻

（3）高压绝缘检测仪检测三相线束V端子与电机壳体之间的电阻，如图2-4-7所示。标准电阻：大于或等于20MΩ。

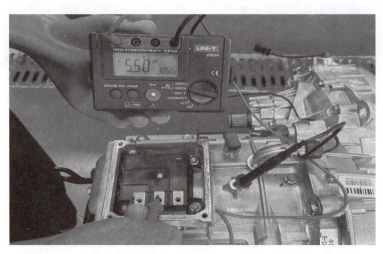

图 2-4-7　检测三相线束 V 端子与电机壳体之间的电阻

（4）高压绝缘检测仪检测三相线束 W 端子与电机壳体之间的电阻，如图 2-4-8 所示。标准电阻：大于或等于 20MΩ。

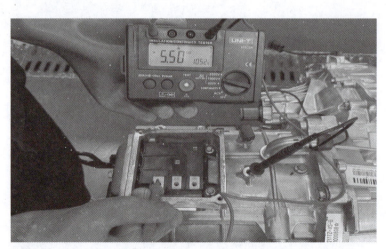

图 2-4-8　检测三相线束 W 端子与电机壳体之间的电阻

步骤六　检测电机相间绝缘电阻

（1）将高压绝缘检测仪的挡位调至 1000V，检测三相线束 U 端子与 V 端子之间的电阻，如图 2-4-9 所示。标准电阻：大于或等于 20MΩ。

（2）将高压绝缘检测仪的挡位调至 1000V，检测三相线束 U 端子与 W 端子之间的电阻，如图 2-4-10 所示。标准电阻：大于或等于 20MΩ。

（3）将高压绝缘检测仪的挡位调至 1000V，检测三相线束 W 端子与 V 端子之间的电阻，如图 2-4-11 所示。标准电阻：大于或等于 20MΩ。

步骤七　检测电机相电阻

检测电机相电阻

图 2-4-9　检测三相线束 U 端子与 V 端子之间的电阻

图 2-4-10　检测三相线束 U 端子与 W 端子之间的电阻

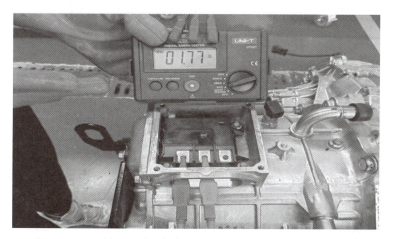

图 2-4-11　检测三相线束 W 端子与 V 端子之间的电阻

（1）选择万用表电阻挡位，根据电机阻值不同选择合适挡位。

（2）万用表的两支表笔分别放在U、V、W相的两端进行测量，如图2-4-12所示。

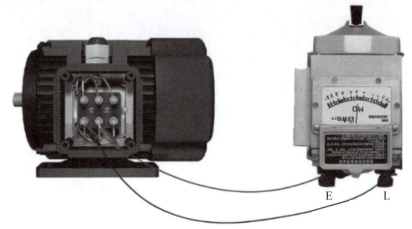

图2-4-12　电机相电阻检测

小提示

测得U、V、W相的两端电阻均应相等。

任务考评

1. 任务表

驱动电机的检查保养任务表			
班级：_____　组别：_____　姓名：_____			
一、新能源车辆信息记录			
整车型号		生产日期	
驱动电机型号		动力电池额定电压	
额定功率		额定容量	
车辆识别码		行驶里程	
二、驱动电机温度检测			
检测项目	检测数据		检测结果
驱动电机温度			正常□　异常□
三、电机绕组与壳体间绝缘电阻检测			
检测项目	检测数据		检测结果
U相与壳体之间电阻			正常□　异常□
V相与壳体之间电阻			正常□　异常□
W相与壳体之间电阻			正常□　异常□

续表

四、电机绕组相间绝缘电阻检测

检测项目	检测数据	检测结果
U 相与 V 相之间电阻		正常□　异常□
U 相与 W 相之间电阻		正常□　异常□
W 相与 V 相之间电阻		正常□　异常□

五、电机绕组相电阻检测

检测项目	检测数据	检测结果
U 相		正常□　异常□
V 相		正常□　异常□
W 相		正常□　异常□

2. 评分表

驱动电机的检查保养任务评分表

班级：_____　组别：_____　姓名：_____

评分项	得分条件	配分	自评	互评	师评
情意面	1. 能进行工位"7S"操作（总分：3分） 2. 能进行设备和工具安全检查（总分：3分） 3. 能进行场地人身安全防护操作（总分：4分） （1）正确安装警戒带和高压电警示牌（2分） （2）在进行 36V 以上高压电作业时，穿戴绝缘手套、绝缘鞋、绝缘服及护目镜（2分） 4. 能进行工具清洁、校准及复位存放操作（总分：2分） 5. 作业过程能进行"三不落地"操作（总分：3分）	15	□熟练 □不熟练	□熟练 □不熟练	□合格 □不合格
技能面	1. 能正确检查电机外观（总分：5分） 2. 能正确检查电机温度（总分：5分） 3. 能正确检查电机相间绝缘电阻（总分：5分） 4. 能正确检查电机绕组与壳体间绝缘电阻（总分：5分） 5. 能正确检查电机相电阻（总分：5分）	25	□熟练 □不熟练	□熟练 □不熟练	□合格 □不合格

续表

评分项	得分条件	配分	自评	互评	师评
作业面	1. 会按照要求对电机外观进行检查（总分：5分） 2. 会正确使用红外测温仪进行电机温度检测（总分：5分） 3. 会正确使用绝缘测试仪进行电机绕组与壳体之间绝缘电阻检测（总分：5分） 4. 会正确使用绝缘测试仪进行电机相间绝缘电阻检测（总分：5分） 5. 会正确使用万用表进行电机相电阻检测（总分：5分）	25	☐熟练 ☐不熟练	☐熟练 ☐不熟练	☐合格 ☐不合格
信息面	能正确使用维修手册查询驱动电机相关资料（总分：10分） (1)查询各元件安装位置（4分） (2)查询各元件线路连接情况（3分） (3)查询测量点标准值（3分）	10	☐熟练 ☐不熟练	☐熟练 ☐不熟练	☐合格 ☐不合格
工具及设备的使用能力	1. 能正确使用维修工具拆装（总分：2.5分） 2. 能正确使用多功能万用表（总分：2.5分） 3. 能正确使用绝缘测试仪（总分：2.5分） 4. 能正确使用红外测温仪（总分：2.5分）	10	☐熟练 ☐不熟练	☐熟练 ☐不熟练	☐合格 ☐不合格
分析面	1. 能判断电机外观是否正常（总分：2分） 2. 能判断电机温度是否正常（总分：2分） 3. 能判断电机绕组与壳体间绝缘电阻是否正常（总分：2分） 4. 能判断电机相间绝缘电阻是否正常（总分：2分） 5. 能判断电机相电阻是否正常（总分：2分）	10	☐熟练 ☐不熟练	☐熟练 ☐不熟练	☐合格 ☐不合格
表单填写与报告的撰写能力	1. 字迹清晰、无错别字（总分：2分） 2. 语句通顺（总分：1分） 3. 无涂改、抄袭（总分：2分）	5	☐熟练 ☐不熟练	☐熟练 ☐不熟练	☐合格 ☐不合格
总计					

知识要点

一、驱动电机基础知识

（一）驱动电机作用与结构

汽车驱动电机是将电能转换成机械能为车辆行驶提供驱动力，或将机械能转化成电能的装置，它具有能做相对运动的部件，是一种依靠电磁感应而运行的电气装置。电动发电机（通常被简称为电机）有如此称谓是因为它既作为电动机工作（由新能源汽车的动力电池组供能），也作为发电机工作（产生电能，为汽车的电池组充电）。

如图 2-4-13 所示，电机的固定部件被称为定子，由定子绕组和定子铁芯组成。电机的另一主要部分称为转子，是电机中转动的部分。

图 2-4-13　电机的结构

（二）电机的分类

（1）根据电机工作电源的不同，可分为直流电机和交流电机。其中交流电机还分为单相交流电机和三相交流电机。

（2）根据电机结构及工作原理的不同，可分为直流电机、异步电机和同步电机。同步电机还可分为永磁同步电机、磁阻同步电机和磁滞同步电机。异步电机可分为感应电机和交流换向器电机。感应电机又分为三相异步电机、单相异步电机和罩极异步电机等。

（3）直流电机按结构及工作原理可分为无刷直流电机和有刷直流电机。有刷直流电机可分为永磁直流电机和电磁直流电机。电磁直流电机又分为串励直流电机、并励直流电机、他励直流电机和复励直流电机。永磁直流电机又分为稀土永磁直流电机、铁氧体永磁直流电机和铝镍钴永磁直流电机。

（4）根据电机用途的不同，可分为驱动用电机和控制用电机。驱动用电机又分为电动工具用电机、家电用电机及其他通用小型设备用电机。控制用电机又分为步进电机和伺服电机等。

二、电动车驱动电机

对于低速电动车来说，更多采用的是直流电动机，如图 2-4-14 所示。直流电机也是最早应用于电动汽车的电动机，这种电动机的特点是控制性能好、成本低。但是随着电子技术、机械制造技术及自动控制技术的发展，交流电动机表现出了比直流电动机更加优越的性能，所以逐步取代了直流电动机。

现阶段的高速新能源汽车常用的驱动电机为交流电动机，包括两种：永磁同步电动机及交流异步电动机。永磁同步电动机如图 2-4-15 所示。

1. 永磁同步电动机

永磁同步电动机的转子使用了高强度的永磁体作为材料。永磁体可能被嵌在转子表面（覆在转子的外层）

图 2-4-14　直流电动机

或者包裹在转子的内部，后者被称作内置式转子。我国稀土资源丰富，因此电混合动力汽车和纯电动乘用车多采用功率性能高、体积较小的永磁同步电动机。

2. 交流异步电动机

特斯拉公司在其车型 Model S 和 Model X 上采用的均是自行设计的交流异步电动机，如图 2-4-16 所示。交流异步电动机在大型电动车上应用较多。

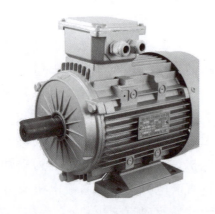

图 2-4-15　永磁同步电动机

图 2-4-16　交流异步电动机

三、驱动电机性能要求

（一）对动力驱动系统的要求

（1）启动力矩大和过载能力强

驱动电机不仅要满足汽车带负载频繁起步的要求，同时还要满足在加速和上坡时，有一定的短时过载能力。

（2）限制电机过大的峰值电流

驱动电机的峰值电流要小于蓄电池最大放电允许电流，以免电机损坏。普通电动机启动电流较大，需设法改善电机的启动特性。

（3）调速范围宽

若使驱动电机在高、低速各工况均能高效运行，需电机有较宽的调速范围，并能保持理想调速特性。通常电机在所设计的额定功率及其转速附近运行效率较高，而远离额定点效率必降低，为此提出了多级额定转速设计，以简化机械传动而减少其摩擦损耗和车载质量。

（4）电机能够正反转运行

使汽车倒车时不必切换齿轮来实现倒挡。

（5）方便、高效地实现发电回馈

使汽车降速制动和下坡滑行时，将更多动能转换为电能回馈给蓄电池来提高续驶里程。

（6）使电机具有电磁制动功能

因电磁制动的动态响应极快，可及时准确地分配前、后、左、右车轮制动力，从而提高汽车安全性。

（7）调速响应快

提高电机动态响应性可改善行驶中的控制性能。

（8）故障容错性高

确保电动汽车故障时仍能"跛脚回家"。

（二）对驱动电机的要求

1. 高电压

驱动电机采用高电压的主要优点是可以减小电机的尺寸，降低逆变器的成本及提高能量转换效率等。提高电机电压的典型例子是丰田公司的 THS-Ⅱ 混合动力系统。该系统电机采用的电压由 THS 系统了 201.6V 提高到了 650V，在电机尺寸和质量变化不大的前提下，使电机的功率、转矩和转速范围扩大。

2. 高转速

在产品技术文件规定的负载下，电机应能达到产品技术文件规定的最高工作转速限值。现代电动汽车的电机转速为8000~12000r/min,甚至更高。

3. 转矩密度和功率密度大,质量轻,体积小

转矩密度、功率密度分别是指最大转矩体积比和最大功率体积比。采用铝合金外壳可以降低电机的重量,各种控制装置和冷却系统的材料也应尽可能选用轻质材料。

4. 具有较大的启动转矩和较宽范围的调速性能

为满足启动、加速、行驶、减速、制动等所需的功率与转矩,电机应具有较大的启动转矩和较宽范围的调速性能;应具有自动调速功能,减轻操纵强度,提高舒适性,达到内燃机汽车同样的控制响应;电机的转矩特性是小于基速时为恒转矩,随着车速(电机转速)的升高转矩逐渐降低。

5. 较大的过载能力

电动汽车的驱动电机一般需要有4~5倍的过载,以满足短时加速行驶与最大爬坡度的要求。而工业驱动电机只要求有2倍的过载。

6. 高效率

在额定电压下,电机、控制器、电机系统的最高效率应符合产品技术文件规定。在额定电压下,电机、电机系统的高效工作区(效率不低于80%)占总工作区的百分比应符合产品技术文件规定。

7. 可兼作发电机使用

新能源汽车结构不同,有的混合动力汽车既有电动机,又有发电机,如丰田Prius。由于采用了混联式结构,电动机和发电机二者兼有,并且通过行星齿轮机构耦合在一起。

四、驱动电机标识

电机铭牌包括制造厂名、型号、编号、名称,以及主要参数(额定功率、额定电压、额定转速、相数、工作制、冷却方式、峰值功率、最高工作转速、绝缘等级、防护等级)等信息。

在技术文件中使用电机型号名称来准确识别电机。电机型号名称由尺寸规格代号、电机类型代号、信号反馈元件代号、冷却方式代号、预留代号等部分组成,如图2-4-17所示。

1. 尺寸规格代号

一般采用定子铁芯的外径来表示,对于外转子电机,采用外转子铁芯外径来表示。

2. 电机类型代号

① KC—开关磁阻电机。

(a) 电机铭牌位置

(b) 电机铭牌

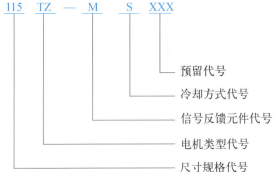

图 2-4-17 电机铭牌与型号名称

② TF—方波控制型永磁同步电机。

③ TZ—正弦控制型永磁同步电机。

④ YR—异步电机（绕线转子）。

⑤ Y—异步电机（笼型）。

⑥ Z—直流电机。

⑦ 其他类型电机的类型代号由企业参考 GB/T 4831—2016 进行规定。

3. 信号反馈元件代号

① M—光电编码器。

② X—旋转变压器。

③ H—霍尔元件。

④ W—无传感器。

4. 冷却方式代号

① S—水冷方式。

② Y—油冷方式。

③ F—强迫风冷方式。

④ 非强迫冷却方式（自然冷却）不必标注冷却方式。

5. 预留代号

用英文大写字母或阿拉伯数字组合，其含义由厂家自行确定。

电机上标有用于明确识别和匹配的拓印号，电机拓印号与内燃机类似，获得主管部门批准时也需要该拓印号。在电机型号下方是电机编号，利用该序列号和电机型号组成的拓印号可明确识别每个电机。如图 2-4-18 所示为吉利帝豪车型驱动电机拓印号信息。

图 2-4-18　吉利帝豪车型驱动电机拓印号信息

五、驱动电机的保养

（1）驱动电机最常规的保养内容是清洁。对驱动电机中经常出现油污、灰尘、锈迹的部位，必须加强清洁频率，并根据不同部位采取不同的清洁措施。

（2）应仔细检查零件的螺钉和接头有无松动和接触不良等现象，并及时紧固。

（3）对于绝缘元器件和线束，及时检查是否有绝缘失效、断路、短路等现象，并随时更换损坏的元器件和线束，并对线束进行整理。

（4）定期检查冷却液是否缺少，及时进行添加或者更换。

（5）对驱动电机进行及时有效的保养，可以大大降低电机故障的概率，延长电机的使用寿命，提高车辆的运行性能。

任务学习测评

一、选择题

1.（　　）不是电机主要部件。

A. 定子　　　　　B. 转子　　　　　C. 端子

2. 目前大多数新能源汽车使用（　　）电机。

A. 直流电机　　　B. 异步电机　　　C. 永磁同步电机

3. 电机绝缘电阻可以用（　　）仪表检查。

A. 电流表　　　　B. 绝缘测试仪　　C. 电流钳

4. 电机温度一般使用（　　）进行检查。

A. 电阻表　　　　B. 万用表　　　　C. 红外线测温仪

二、判断题

1. 电机在工作时只有电动机的工作特性。（   ）
2. 直流电机具有控制性能好，成本高的特点。（   ）
3. 目前大多数新能源汽车采用的是永磁同步电机。（   ）
4. 驱动电机作为汽车的核心部件，必须具备防尘、防水、防震等性能。（   ）
5. 永磁同步电机转子绕组中的电流是自身产生的。（   ）

三、填空题

1. 电机就是将_____与_____相互转换的一种电力元器件。
2. 交流电动机主要有两大部件：_____和_____。
3. 新能源汽车常用的驱动电机包括_____和_____两种。

四、解答题

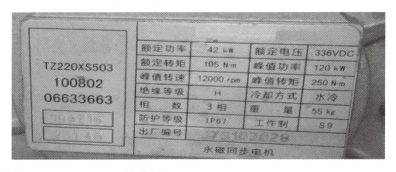

解读图中 TZ220XS503 的含义。

学习反思

可以从如下角度进行反思（不少于 200 字）：
1. 对这节课的学习你满意吗？达到你期望的水平了吗？
2. 这节课中你最满意的地方是哪里？
3. 这节课上你有哪些问题还没有解决？为什么？
4. 这节课让你觉得不足的地方在哪里？
5. 课堂上有出乎你意料的事件发生吗？你是如何解决的？
6. 如果让你重新学习这节课，你会怎样学习？

素质拓展

不走捷径，就是最好的捷径

"不走捷径，就是最好的捷径。"吉利汽车浙江福林国润汽车零部件有限公司总经理助理吕义聪时常用这句话勉励自己。

吕义聪初入吉利汽车路桥公司是一名汽车装配工。这位初出茅庐的农村小伙有个心愿，就是独立组装一辆汽车。为此，他自学了整车电气原理图和大学本科相关课程，还主动请缨，专门调试维修难度较大的故障车。凭这股劲头，这个新手很快驾轻就熟地掌握了1200多个配件的使用方法和作用，不仅可以在两天内独立完成一辆整车的组装，还练就了单凭耳朵就能准确辨别40多种故障声音的绝活。

2013年5月，吕义聪荣获第十七届"中国青年五四奖章"。

2020年，组装厂发动机输送线要进行数字化提升改造。改造不只是简单的设备投入，还有严丝合缝的流程再造。吕义聪当仁不让地接下了改造发动机、变速箱合装流程的任务。在精密度较高的工序中，一旦角度稍有偏差，就会造成飞轮、输入轴等零部件损伤。吕义聪白天打磨方案，晚上9时停工后，再回到生产线上进行漫长的调试工作。在那段长达3个月的攻坚期，他为了保持专注，几乎把自己"封闭"起来，最终换来的是3套数字化流程改造方案的如期落成。

"把自己想干的事干成了，叫成长。"办公楼台阶上的标语，正是吕义聪职业生涯的写照。他先后取得了60多项创新成果，其中包含多项国家专利。获得中国青年五四奖章、全国劳动模范、全国优秀共产党员等多项荣誉。同事陈传辉说，大家都称呼吕义聪为"吕大师"。

2021年，已任公司总工程师的吕义聪，被提拔为总经理助理，正式接触管理工作。这位好学的"吕大师"，在自学管理知识的同时，也始终在思考如何带领更多一线工友踏上这条"大师之路"。

2021年度吉利汽车特战训练营的导师、讲师聘书，被吕义聪摆在了办公室显眼的位置。"对每一个人，他都毫无保留地传授各项技能。"同事尤建军说，吕义聪做什么事都很认真严谨，业务上更是一丝不苟。

"吕义聪技能大师工作室"于2012年成立，2015年9月成为台州首家国家级技能大师工作室，如今有27名核心成员。在吕义聪牵头的"传帮带"模式下，许多技术工人因此受益，已有两人在全国职业技能大赛中崭露头角。

"还是那句话，不走捷径，就是最好的捷径，要成为优秀的技术蓝领更是如此。"吕义聪说。

"质量提升，没有终点，只有起点。"遥望厂区内的大标语，即将踏入不惑之年的吕义聪心潮澎湃。如今的"大师"，依然如新手般求知探索。在吕义聪的身上，蕴藏着坚韧不拔的工匠精神，彰显着新时代青年的家国情怀，他奋斗的脚步永远不会停止。

模块三 灯光与电气系统检查保养

模块概述

本模块主要介绍汽车灯光与电气系统的作用、结构，原理，技能任务包括仪表室内灯光检查保养、洗涤系统检查保养、全车灯光检查保养。通过对本模块的学习，学生可以掌握灯光与电气系统的知识要点，并能完成汽车专业领域职业技能等级证书标准中仪表室内灯光检查保养、洗涤系统检查保养、全车灯光检查保养的技能操作任务。

 任务一　仪表室内灯光检查保养

任务定位

本任务根据汽车运用与维修（含智能新能源汽车）1+X 证书制度职业技能等级标准中新能源汽车电子电气空调舒适技术【初级】模块三所对应的灯光与电气系统检查保养。

工作情境描述

一辆吉利帝豪 EV450 汽车用户反映，车辆仪表信号灯故障。经维修人员详细询问车辆故障现象及故障发生的过程后，对车辆进行诊断，初步判定需要先对车辆仪表室内灯光进行检查维修。

任务描述

维修人员在接到维修任务后，将完成以下工作：
1. 做好前期维修准备工作。

2. 查阅资料了解仪表室内灯的含义。

3. 对仪表室内灯进行检查。

 任务目标

知识目标

1. 能记住并讲述组合仪表指示灯的形状、特点。
2. 能阐述检查组合仪表指示灯流程。

技能目标

1. 能正确检查组合仪表指示灯工作情况。
2. 能熟练查阅维修手册,快速找到所需维修资料。

素养目标

通过检查组合仪表指示灯工作,培养学生流程化作业及精细观察的职业意识和素养。

 任务实施

一、任务准备

(1) 设备准备:吉利帝豪 EV450 新能源整车等。

(2) 工具准备:绝缘维修工具、多功能万用表、绝缘测试仪、维修手册等。

(3) 防护用品准备:绝缘垫、警示牌、绝缘帽、绝缘胶带、绝缘鞋、车内四件套、车外三件套、车轮挡块等。

(4) 清洁工具:抹布、拖把等。

二、任务作业步骤

步骤一 安全防护

(1) 检查车辆在工位上是否停放周正,安装好车辆挡块;在车辆左前方 1m 处摆放注意有电警示牌并拉好警戒线。

(2) 铺好车内四件套和车外三件套。

(3) 穿好绝缘鞋、戴好防护镜、正确检查和戴好绝缘手套。

步骤二 检查安全带指示灯

(1) 打开汽车电源,将点火开关置于 ON 挡,检查安全带指示灯是否正常。

(2)未系安全带时,指示灯常亮,如图 3-1-1 所示。

图 3-1-1　未系安全带时指示灯状态

(3)将安全带系好后,指示灯熄灭,如图 3-1-2 所示。

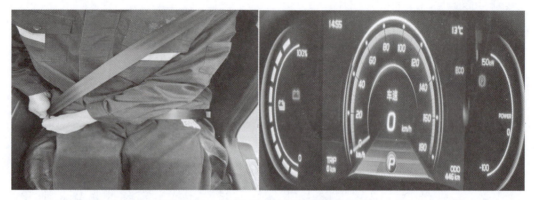

图 3-1-2　安全带系好后指示灯状态

步骤三　检查驻车制动指示灯

(1)驻车制动时,指示灯常亮,如图 3-1-3 所示。

图 3-1-3　驻车制动时指示灯状态

(2)释放驻车制动时,指示灯熄灭,如图 3-1-4 所示。

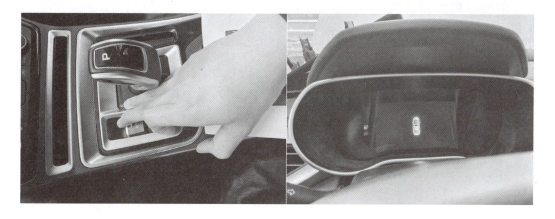

图 3-1-4　释放驻车制动时指示灯状态

步骤四　检查挡位指示灯

检查挡位指示灯是否正常。操作挡位切换，指示灯随挡位变化进行切换，其中 D 挡状态如图 3-1-5 所示。

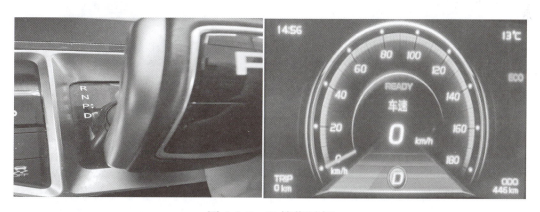

图 3-1-5　D 挡指示灯

步骤五　检查仪表板危险警告指示灯，如图 3-1-6 所示。

图 3-1-6　仪表板危险警告指示灯展示

电机及控制器过热指示灯,如图 3-1-7 所示。

动力电池故障警告灯,如图 3-1-8 所示。

图 3-1-7　电机及控制器过热指示灯　　　图 3-1-8　动力电池故障警告灯

安全气囊故障指示灯,如图 3-1-9 所示。

制动系统故障指示灯,如图 3-1-10 所示。

图 3-1-9　安全气囊故障指示灯　　　图 3-1-10　制动系统故障指示灯

驻车系统故障指示灯,如图 3-1-11 所示。

胎压报警指示灯,如图 3-1-12 所示。

图 3-1-11　驻车系统故障指示灯　　　图 3-1-12　胎压报警指示灯

ABS、EBD 故障指示灯,如图 3-1-13 所示。

图 3-1-13　ABS EBD 故障指示灯

电动助力转向系统故障指示灯，如图 3-1-14 所示。

减速器故障指示灯，如图 3-1-15 所示。

图 3-1-14　电动助力转向系统故障指示灯

图 3-1-15　减速器故障指示灯

步骤六　检查动力电池充电指示灯

连接汽车充电器，动力电池充电指示灯点亮，如图 3-1-16 所示。

图 3-1-16　检查动力电池充电指示灯

任务考评

1. 任务表

仪表室内灯光检查保养任务表

班级：_____　组别：_____　姓名：_____

一、新能源车辆信息记录

整车型号		生产日期	
驱动电机型号		动力电池额定电压	
额定功率		额定容量	
车辆识别码		行驶里程	

二、仪表室内灯光检查

检查项目	检测结果
1. 检查安全带指示灯	正常□　异常□
2. 检查驻车制动指示灯	正常□　异常□
3. 检查挡位指示灯	正常□　异常□
4. 电机及控制器过热指示灯	正常□　异常□

续表

检查项目	检测结果
5. 动力电池故障指示灯	正常□ 异常□
6. 安全气囊故障指示灯	正常□ 异常□
7. 制动系统故障指示灯	正常□ 异常□
8. 驻车系统故障指示灯	正常□ 异常□
9. 胎压异常指示灯	正常□ 异常□
10. ABS、EBD 故障指示灯	正常□ 异常□
11. 电动助力转向系统故障指示灯	正常□ 异常□
12. 减速器故障指示灯	正常□ 异常□
13. 动力电池充电指示灯	正常□ 异常□

2. 评分表

仪表室内灯光检查保养任务评分表

班级：_____ 组别：_____ 姓名：_____

评分项	得分条件	配分	扣分
情意面	1. 能进行工位"7S"操作（总分:3分） (1)整理(0.5分) (2)清洁(1分) (3)素养、节约(0.5分) (4)安全(1分) 2. 能进行设备和工具安全检查（总分:3分） (1)检查作业所需要的工具设备是否完备,有无损坏(0.5分) (2)检查作业环境是否配备灭火器(0.5分) (3)检查检测设备的电量是否充足(1分) (4)检查检测设备的插头及电缆的放置位置是否安全(1分) 3. 能进行车辆安全防护操作（总分:9分） (1)正确安装车辆绝缘翼子板布和格栅垫(2分) (2)正确安装车内四件套(1分) (3)正确安装后车轮挡块(1分) (4)正确安装警戒带和高压电警示牌(1分) (5)在进行36V以上高压电作业时,穿戴绝缘手套、绝缘鞋、绝缘服及护目镜(2分) (6)正确断开高压维修开关,并等待5分钟以上(2分)	15	
技能面	能正确检查组合仪表指示灯（总分:20分） (1)打开汽车电源时,检查安全带指示灯,系上安全带后,指示灯熄灭。(5分) (2)检查驻车制动指示灯,释放驻车制动器时,指示灯熄灭。(5分) (3)检查挡位指示灯,切换挡位,挡位指示灯对应变化(5分) (4)检查仪表盘危险警告指示灯工作情况。(5分)	20	

续表

评分项	得分条件	配分	扣分
作业面	能正确检查组合仪表指示灯工作情况(总分:20分) (1)打开汽车电源,检查各个指示灯和故障灯点亮情况及点亮时间(5分) (2)重新关闭汽车电源启动车辆,检查各个指示灯和故障灯点亮情况及点亮时间(5分) (3)打开和关闭车门,检查车门开关指示灯工作情况(5分) (4)扣紧和松脱安全带,检查安全带指示灯工作情况(5分)	20	
信息面	1. 能正确使用用户手册查询所需资料(总分:6分) (1)查询灯光及电器的操作方法(3分) (2)查询组合仪表指示灯的说明(3分) 2. 能在规定时间内查询所需资料(总分:2分) 3. 能正确记录所需维修信息(总分:2分)	10	
工具及设备的使用能力	1. 能正确使用防护用品(总分:5分) 2. 能正确操作车辆电器设备(总分:5分)	10	
分析面	1. 能判车辆启动是否正常(总分:5分) 2. 能判断充电指示灯工作是否正常(总分:5分) 3. 能判断车门未关指示灯工作是否正常(总分:5分) 4. 能判断安全带指示灯工作是否正常(总分:5分)	20	
表单填写与报告的撰写能力	1. 字迹清晰、无错别字(总分:2分) 2. 语句通顺(总分:1分) 3. 无涂改、抄袭(总分:2分)	5	
总计			

 知识要点

一、充电指示灯

(1)连接充电线缆后,EC180组合仪表右上角会显示"充电枪"提示灯(红色箭头),如图3-1-17所示,表示完成了与慢充桩通信,可以开始充电。

图3-1-17 充电指示灯

（2）正在充电（蓝色箭头），如图 3-1-18 所示。

图 3-1-18　正在充电标志

二、动力系统故障指示灯

动力系统故障指示灯点亮表示动力系统故障，如图 3-1-19 所示。还有一些电动汽车会在仪表上显示："请检查动力系统！"。动力系统故障灯点亮时，通常情况下车能行驶，部分车辆挂不上 D 挡或者挂上 D 挡后车不能行驶。故障原因可能是电池包里面的单体电池故障，电机控制器故障或电机故障等。如果这个故障灯单独亮起，则表示系统总线通信出现故障，需及时维修。

图 3-1-19　动力系统故障指示灯

三、动力蓄电池电量不足指示灯

当动力蓄电池电量低于 30% 的时候指示灯点亮，表示动力蓄电池电量不足，如图 3-1-20 所示。当动力蓄电池电量高于 35% 时，故障灯就会熄灭。

图 3-1-20　动力蓄电池电量不足指示灯

四、动力蓄电池内部故障指示灯

这个故障灯亮起时，说明故障点是电池包，需要专业人员立即对车辆进行处理，如图 3-1-21 所示。通常情况下整车高压断开，车辆无法行驶。少数情况车辆可以缓慢行驶，但不能加速。导致这个故障的原因一般是电池包内部单体故障，电池包被撞，电池包内部线路接触不良等原因。

图 3-1-21　动力电池内部故障指示灯

五、动力蓄电池切断故障指示灯

该故障灯点亮时，表示动力蓄电池不能提供动力来源，蓄电池动力已切断，需马上维修，如图 3-1-22 所示。

图 3-1-22　动力蓄电池切断故障指示灯

六、动力蓄电池绝缘电阻低指示灯

如图 3-1-23 所示，表示动力蓄电池绝缘性能降低，通常都是长时间淋雨造成的，等车辆干燥了就能恢复，如不能，则需要维修。

图 3-1-23　动力蓄电池绝缘电阻低指示灯

七、动力蓄电池过热警告指示灯

如图 3-1-24 所示，说明动力蓄电池过热，此时最好不要继续行驶，应该靠边停车，等待蓄电池冷却，并且故障灯熄灭后再行驶。

图 3-1-24　动力蓄电池过热警告指示灯

八、电池包漏电故障指示灯

如图 3-1-25 所示，这个故障灯表示电池内部高压部分存在漏电。当这个故障灯点亮时，车已经不能行驶了，由于整车高压被切断输出，所以不用担心漏电导致司机触电，但是应该立即联系维修站进行救援处理。

图 3-1-25　电池包漏电故障指示灯

九、电机温度过高故障指示灯

如图 3-1-26 所示，这个故障灯表示电机温度过高，这种情况下车辆可以行驶，部分电动车在电机温度报警时会限制车速，导致无法加速。故障的原因通常是冷却水泵不工作或电机温度传感器信号异常导致。

图 3-1-26　电机温度过高故障指示灯

任务学习测评

一、选择题

1.（　　）表示动力系统故障。还有一些电动汽车会在仪表上显示："请检查动力系统！"。

A. 动力系统故障指示灯

B. 充电指示灯

C. 动力蓄电池电量不足指示灯

2. （　　）亮，说明动力蓄电池过热，此时最好不要继续行驶，应该靠边停车，等待蓄电池冷却，并且故障灯熄灭后再行驶。

A. 电机温度过高故障指示灯

B. 动力蓄电池电量不足指示灯

C. 动力蓄电池过热警告指示灯

3. 当动力蓄电池电量低于30%时候指示灯（　　），表示动力蓄电池电量不足。

A. 亮　　　　B. 灭　　　　C. 闪烁

二、判断题

1. 动力系统故障灯点亮时，通常情况下车能行驶。（　　）

2. 当动力蓄电池电量高于35%时，动力蓄电池电量不足指示灯就会熄灭。（　　）

3. 动力蓄电池切断故障指示灯亮时，表示动力蓄电池不能提供动力来源，蓄电池动力即将切断。（　　）

4. 动力蓄电池过热警告指示灯亮，说明动力蓄电池过热，应该靠边停车，等待蓄电池冷却，并且故障灯熄灭后再行驶。（　　）

三、填空题

1. ＿＿＿＿＿＿表示动力系统故障。

2. 动力蓄电池电量低于＿＿＿＿＿＿时，动力蓄电池电量过低指示灯点亮。

3. 动力蓄电池绝缘电阻低，通常是由＿＿＿＿＿＿造成的。

4. 表示＿＿＿＿＿＿＿＿＿＿＿＿。

四、解答题

简述动力蓄电池绝缘电阻低指示灯亮的处理方法。

学习反思

可以从如下角度进行反思（不少于200字）：
1. 对这节课的学习你满意吗？达到你期望的水平了吗？
2. 这节课中你最满意的地方是哪里？
3. 这节课上你有哪些问题还没有解决？为什么？
4. 这节课让你觉得不足的地方在哪里？
5. 课堂上有出乎你意料的事件发生吗？你是如何解决的？
6. 如果让你重新学习这节课，你会怎样学习？

 任务二　洗涤系统检查保养

 任务定位

　　本任务根据汽车运用与维修（含智能新能源汽车）1＋X 证书制度职业技能等级标准中新能源汽车电子电气空调舒适技术【初级】所对应的洗涤系统检查保养内容进行设定。

工作情境描述

一辆吉利帝豪 EV450 车主反映，车辆在上电后使用前窗玻璃洗涤和前照灯洗涤时喷出的水量很小，雨刮器刮前窗玻璃时也刮不干净。经维修人员详细询问车辆故障现象及故障发生的过程后，对车辆进行初步诊断，判定需要先对洗涤系统进行检查维修。

任务描述

维修人员在接到维修任务后，将完成以下工作：
1. 做好前期维修准备工作。
2. 查阅资料找出雨刮器洗涤系统和大灯清洗系统组成和各部件的安装位置。
3. 洗涤液液位检查及添加。
4. 洗涤喷嘴及管路检查调整。
5. 大灯清洗系统检查。
6. 洗涤液的调配和冰点测量。
7. 雨刮片的调整清洁更换。
8. 雨刮器维修位置设置。
9. 挡风玻璃的清洗。
10. 雨刮洗涤系统操作。

任务目标

知识目标

1. 能牢记并精准说出雨刮器洗涤系统和大灯清洗系统的组成和各部件的安装位置。
2. 能准确讲述洗涤液液位检查及添加方法。
3. 能准确讲述洗涤喷嘴调整方法。
4. 能准确讲述大灯清洗系统检查方法。
5. 能准确讲述雨刮器的调整清洁方法。
6. 能准确讲述挡风玻璃的清洗方法。
7. 能准确讲述雨刮洗涤系统操作方法。

技能目标

1. 能准确查找并指出洗涤系统各部件的安装位置。

2. 能正确观察洗涤液液位和添加洗涤液。

3. 能正确地调整洗涤喷嘴。

4. 能正确地对大灯进行清洗。

5. 能正确地调整雨刮器。

6. 能正确地清洗挡风玻璃。

7. 能正确地操作雨刮清洗系统。

素养目标

1. 通过规范、安全有序地完成任务，养成严谨的工作态度、良好的操作习惯、树立良好的"7S"管理意识。

2. 通过团队配合，协同完成各项学习任务，提升团队协作意识与能力。

任务实施

一、任务准备

（1）设备准备：吉利帝豪EV450新能源整车（配备自动雨刮系统）、电脑等。

（2）工具准备：绝缘维修工具、多功能万用表、工具箱、零件盒、玻璃清洗液、擦拭布、喷嘴调试工具、洗涤管路清理工具、冰点仪、洗涤液、水、维修手册、用户手册。

（3）防护用品准备：绝缘垫、警示牌、绝缘帽、绝缘手套、绝缘鞋、车内四件套、车外三件套、车轮挡块等。

（4）清洁工具：抹布、拖把等。

二、任务作业步骤

步骤一 安全防护

（1）检查车辆在工位上是否停放周正，安装好车辆挡块；在车辆左前方1m处摆放警示牌并拉好警戒线。

（2）铺好车内四件套和车外三件套。

（3）穿好绝缘鞋，戴好防护镜、绝缘手套。

步骤二 查找安装位置信息

查阅维修手册，找出雨刮器洗涤系统和大灯清洗系统组成和各部件的安装位置信息，如图3-2-1所示。

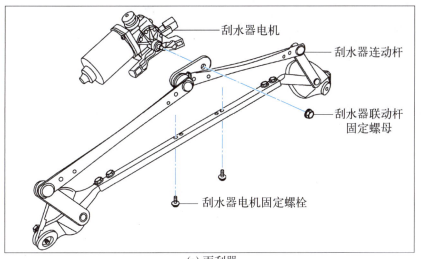

(a) 雨刮器

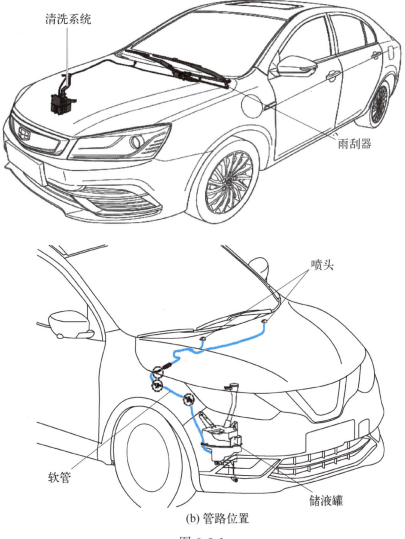

(b) 管路位置

图 3-2-1

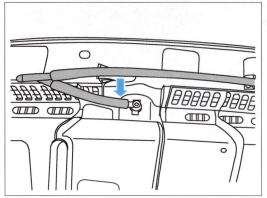
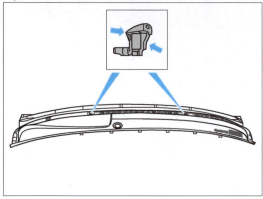

(c) 雨刮喷嘴

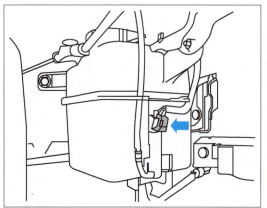
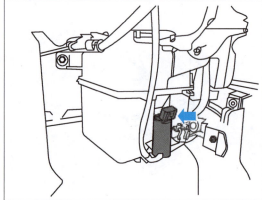

(d) 洗涤液喷水壶及喷水泵

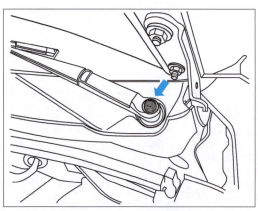
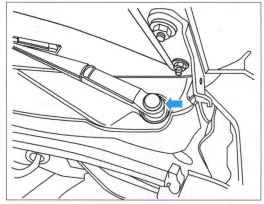

(e) 雨刮臂

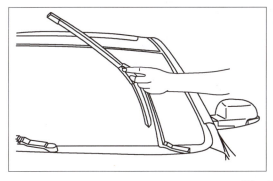 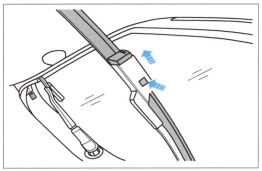

(f) 雨刮片

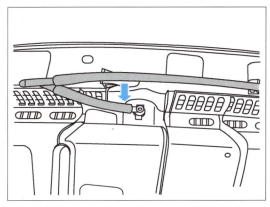 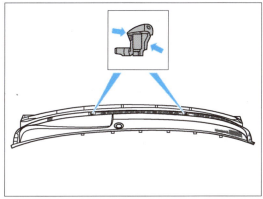

(g) 雨刮软管及喷嘴

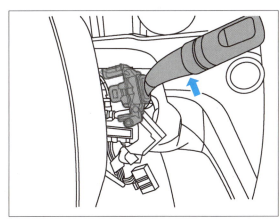 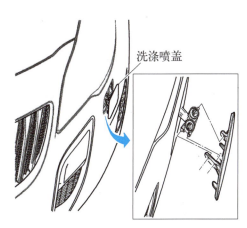

(h) 洗涤器开关　　　　　　　　(i) 大灯洗涤喷盖

图 3-2-1

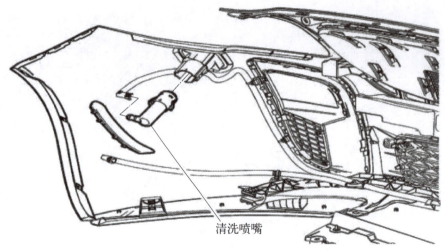

(j) 大灯清洗喷嘴

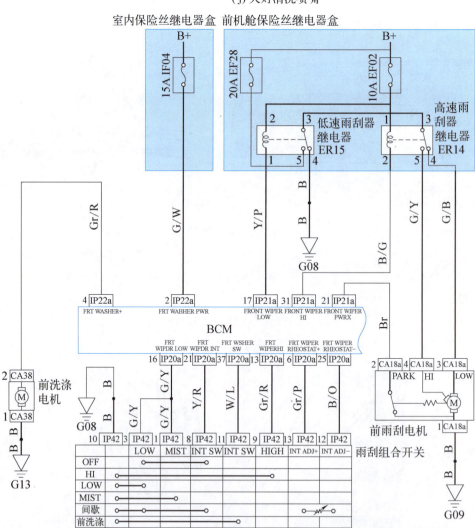

(k) 雨刮器电路简图

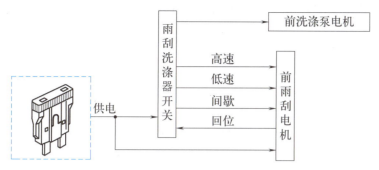

(l) 洗涤系统电路简图

图 3-2-1　雨刮器洗涤系统和大灯清洗系统组成和各部件安装位置

步骤三　洗涤液液位检查及添加

（1）先打开发动机机舱盖，安装好车内外三件套。

（2）找到加注玻璃水的带洗涤标志的蓄水壶，如图 3-2-2 所示。

洗涤液液位检查及添加

图 3-2-2　识别蓄水壶

（3）打开玻璃水储液罐盖子，将拇指放在盖子中心孔上笔直提起，观察管筒中玻璃液的位置，如图 3-2-3 所示。

图 3-2-3　检查液位

（4）添加洗涤液，如图3-2-4所示，在冬季向车内加注玻璃水的时候，切忌加注太满。

图3-2-4　加注洗涤液

 注意

① 汽车清洁剂主要是由表面活性剂、杀菌剂、抛光剂、进口渗透剂及独特光亮因子等使用环保技术配制而成的液体瓷砖清洁剂。

② 防冻液和洗涤液壶都在机舱，容易混淆。千万不要将洗涤液加到防冻液膨胀水壶里面。

步骤四　洗涤喷嘴及管路检查调整

（1）检查喷嘴、三通接头、管路是否堵塞、损坏，连接是否牢靠，应无松动或脱落现象，如图3-2-5所示。

洗涤喷嘴及管路检查调整

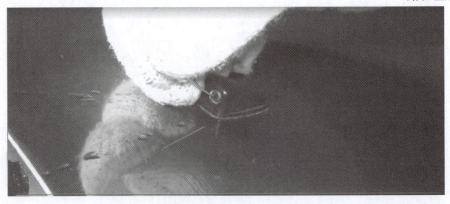

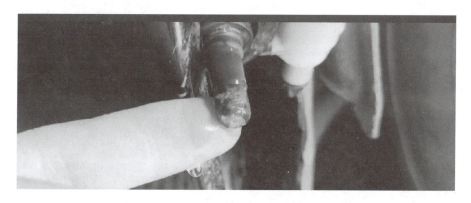

(a) 管路堵塞

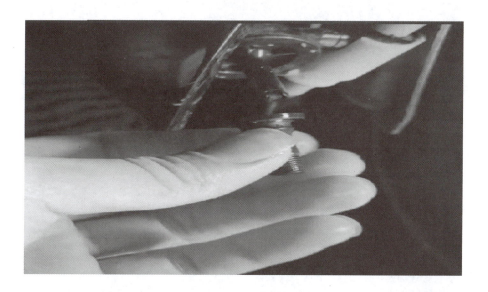

(b) 拆下三通接头疏通清洗

图 3-2-5

(c)水壶清洗

图 3-2-5 洗涤喷嘴及管路检查、清洗

(2)目视检查软管应无老化、折断或破裂,如图 3-2-6 所示。

图 3-2-6 目视检查软管

(3)检查喷水状况,喷水量和高度应在合适位置,如图 3-2-7 所示。

图 3-2-7 波动洗涤开关及喷水位置

（4）如喷出的液位过高、过低或液量分散，应对喷嘴疏通或调整，如图 3-2-8 所示。

图 3-2-8　对喷嘴疏通和调整

步骤五　大灯清洗系统检查

（1）目视检查三通接头、管路是否损坏，连接是否牢靠，应无松动或脱落现象。如图 3-2-9 所示。

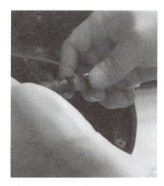

图 3-2-9　管路损坏及管路连接不牢靠

（2）检查喷嘴是否堵塞，能否正常伸出、缩回，能否正常喷水，对大灯清洗系统进行排气。

① 旋转灯光旋钮，保持近光灯开启，如图 3-2-10 所示。

图 3-2-10　保持近光灯开启及灯光开启显示

② 向外推动灯光拨杆和开启远光灯，如图 3-2-11 所示。

图 3-2-11　向外推动灯光拨杆及开启远光灯显示

③ 向内抬起雨刮器并保持 2~3s 不动，如图 3-2-12 所示。

图 3-2-12　向内抬起雨刮器并保持 2~3s 不动

④ 大灯清洗功能已开启，观察喷嘴是否能伸缩、出水量是否足够，判断喷嘴是否堵塞。如图 3-2-13。（注：喷嘴疏通和角度调整与雨刮喷嘴相同。）

(a) 喷嘴伸出并喷水

(b) 喷嘴缩回

图 3-2-13 喷嘴伸出与缩回

⑤ 大灯清洗系统排气：为了保证弹出式喷射缸和喷嘴的正常工作，在进行组装工作后，或进行第一次工作前，需要对大灯清洗系统进行排气。

a. 启动发动机。

b. 接通大灯开关"ON"。

c. 操作调整大灯清洗系统次数（3～5 次，每次 3s）。重复排气步骤，必要时一直操作到喷射缸和喷嘴正常工作。

步骤六　洗涤液的调配和冰点测量

（1）洗涤液的调配：主要由水、酒精、乙二醇等组成。

① 首先准备好医用酒精、水瓶、洗涤精，如图 3-2-14 所示。

洗涤液的调配

医用酒精

水瓶

洗涤精

图 3-2-14 洗涤液的调配

② 在 2.5L 的水瓶中灌入 2L 的纯净水。

③ 向水瓶中加入 500mL 左右的医用乙醇。

④ 加入一瓶盖的洗洁精。

⑤ 轻轻搅拌均匀即可。

注意

① 医用乙醇是易燃物,使用时周围不能出现明火,不能喷洒在地上。
② 防止医用乙醇溅到眼睛,如溅到眼睛应立即用清水冲洗。

(2) 冰点测量。冰点仪结构如图 3-2-15 所示。

冰点测量

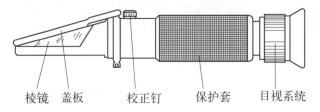
棱镜　盖板　　校正钉　保护套　目视系统

JT-6T	测量范围	分度值	准确度
玻璃水冰点	−50～0℃	5℃	±1.5℃

图 3-2-15　冰点仪

① 冰点仪校准:掀开盖板并将盖板及棱镜表面擦干净,如图 3-2-16 所示。
② 将蒸馏水滴于棱镜表面,合上盖板轻轻按压,将冰点仪对向明亮处,旋转目镜使视场清晰,如图 3-2-17 所示。

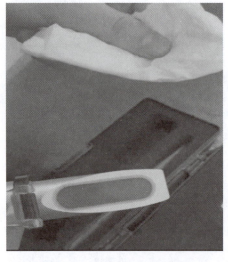

图 3-2-16　将盖板及棱镜
　　　　　　表面擦干净

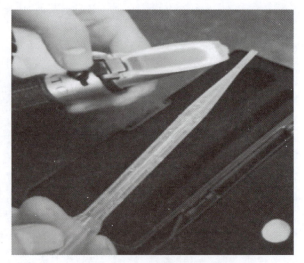

图 3-2-17　蒸馏水滴于棱镜
　　　　　　表面合上盖板轻轻按压

③ 调整校正钉,使蓝白分界线与基准线重合,如图 3-2-18 所示。
④ 打开喷水壶盖,用吸管取少量洗涤液滴在冰点仪观察口上,如图 3-2-19 所示。

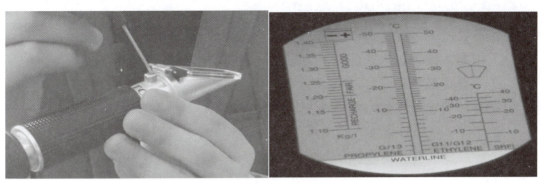

图 3-2-18　基准线微调

图 3-2-19　吸取少量液体滴在冰点仪观察口

⑤ 盖上盖板，在冰点仪另一侧读数。如图 3-2-20 所示。

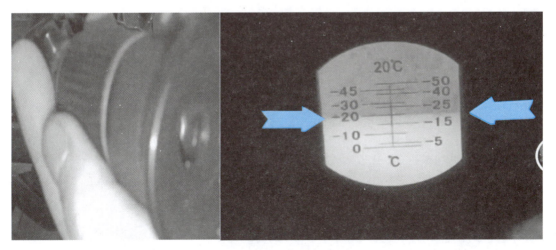

图 3-2-20　观察数据显示

玻璃水冰点仪/甲醇冰点仪使用注意事项：
① 不要在相对湿度大于50%的环境中长期放置，以免光学系统受到影响。
② 不要将液体和水弄进调节旋钮和目镜内，以免损坏内部器件。
③ 不要跌落和碰撞，以免损坏仪器精度。
④ 使用后立即用洁净布将棱镜和折光板擦拭干净。

步骤七　雨刮器的故障现象及其调整、清洁与更换方法

1. 故障现象及其调整方法

（1）雨刮器刮不干净的现象如图3-2-21所示。

调整清洁方法

调整、清洁方法：将玻璃用水浸湿，用手轻轻地在玻璃上来回摸一下，如果玻璃面上不平滑，说明有异物。清除时可以试着先用温水擦拭几遍玻璃，再用手轻轻地来回搓。也可以用报纸，将这些难以清除的污物一点一点地清除，水冲后再用手摸玻璃，若平滑，再打开雨刮器，这样就会刮得非常干净了。

（2）雨刮胶条毛糙的现象如图3-2-22所示。

图3-2-21　雨刮器刮不干净的现象

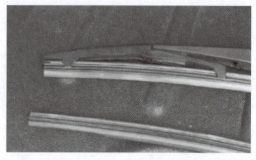
图3-2-22　雨刮胶条毛糙

调整清洁方法：及时清除雨刮胶条上的细微沙粒，如图3-2-23所示。

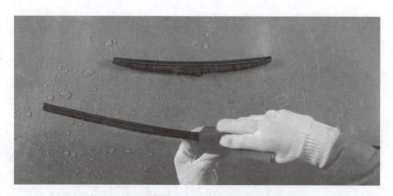
图3-2-23　清除雨刮胶条上的细微沙粒

（3）雨刮器角度问题。

调整方法：用调试扳手夹住雨刮器，然后轻轻地转动，调整至垂直状态。

如果还未解决,那原因可能为雨刮器下压力太大,需放松弹簧,加大间距,如图 3-2-24 所示。

2. 雨刮片更换

(1)将金属雨刮臂从挡风玻璃上抬起,垂直于挡风玻璃的位置,使其保持稳定,处于维修模式,如图 3-2-25 所示。(维修模式开启方法:打开电源后按压雨刮器开关。)

雨刮片更换

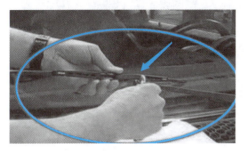

图 3-2-24 雨刮器角度调整

图 3-2-25 雨刮臂处于维修位置

(2)按下塞子取下旧雨刮片,如图 3-2-26 所示。

图 3-2-26 取下旧雨刮片

(3)插入新的雨刮片轻轻转动新雨刮片,如图 3-2-27 所示。

图 3-2-27 插入新的雨刮片

（4）挂钩卡入到位使其固定，将雨刮器放回挡风玻璃上，如图 3-2-28 所示。

图 3-2-28　雨刮器放回挡风玻璃上

雨刮片的保养方法是：

① 使用雨刮片时要喷洒玻璃水不能干刮；

② 顽固、坚硬的污物不要使用雨刮片清扫，应该手工清理；

③ 洗车和日常打扫需要抬起雨刮器时，只拿雨刮器的脊背即可。

步骤八　雨刮器维护位置设置

1. 第一种方式

（1）先关闭点火开关，然后立即向下拨动雨刮器挡杆，如图 3-2-29 所示。

（2）恢复初始状态，先打开点火开关再向下拨动雨刮器挡杆。

2. 第二种方式

（1）打开电源，打开车载电脑选择车辆、雨刮器维护位置，点击"雨刮器至维护位置"，如图 3-2-30 所示。

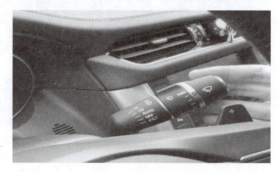

图 3-2-29　向下拨动雨刮器挡杆

（2）恢复初始状态，再次选择雨刮器维护位置。

步骤九　挡风玻璃的清洗

（1）浮尘。一般汽车玻璃清洗只是清洗表面的浮尘。建议先用干布擦拭，注意不要损伤玻璃，然后直接用汽车玻璃水清洗，最后用温水浸湿布进行擦拭。

（2）斑点。可以在汽车玻璃上的斑点处涂些牙膏，然后进行擦拭清洗。

（3）清洁剂。需注意的是，不要在车辆玻璃上使用研磨料清洁剂，否则可

图 3-2-30　选择车辆、雨刮器维护位置

能会划伤玻璃,这种损伤会影响驾驶员的视野。保持玻璃清洁可以减少眩光,提高可见度。

(4) 玻璃有锈迹。清除玻璃上的铁锈可以先用湿布擦洗,然后用干净的湿布蘸一点酒精擦拭汽车玻璃,让玻璃光亮如新。如果汽车玻璃上有油,可以用氨水擦拭。

挡风玻璃清洗如图 3-2-31 所示。

步骤十　雨刮器洗涤系统操作

(1) 找到雨刮器的开关,如图 3-2-32 所示。

(2) 将推杆往上推,雨刮器就以连续方式开始工作。

(3) 松开推杆后,推杆自动回位,雨刮器停止工作。

有关雨刮器图标如图 3-2-32 所示:

① OFF——前雨刮器停止工作。

图 3-2-31　挡风玻璃清洗

图 3-2-32　雨刮器开关

② INT——自动间歇工作。将推杆往下拉一格，雨刮器将以间歇开始的方式自动工作。该挡位需手动进行复位。

③ LO——连续工作。将推杆由 INT 挡位再往下拉一格，雨刮器将按连续运转的方式以稳定速率自动工作。

④ HI——连续高速工作。将推杆往下拉到底，雨刮器将以高速运转的方式自动工作。

任务考评

1. 任务表

洗涤系统检查保养任务表

班级：_____　组别：_____　姓名：_____

一、新能源车辆信息记录

整车型号		生产日期	
驱动电机型号		动力电池额定电压	
额定功率		额定容量	
车辆识别码		行驶里程	

二、洗涤液液位检查

检查项目	检查数据	检查结果
洗涤液液位检查		正常□　异常□

三、洗涤喷嘴及管路检查

检查项目	检查数据	检查结果
喷嘴		正常□　异常□
管路		正常□　异常□

四、大灯清洗系统检查

检查项目	检查数据	检查结果
接头		正常□　异常□

续表

检查项目	检查数据	检查结果
管路		正常□ 异常□
喷嘴堵塞		正常□ 异常□
喷嘴伸缩		正常□ 异常□
大灯清洗系统排气		正常□ 异常□

五、冰点测量

检查项目	检查数据	检查结果
玻璃水冰点测量		正常□ 异常□

六、雨刮器的检查

检查项目	检查数据	检查结果
雨刮片老化情况		正常□ 异常□
雨刮片变形角度情况		正常□ 异常□
雨刮片毛粗情况		正常□ 异常□

七、雨刮器维护位置设置

检查项目	检查数据	检查结果
雨刮器维护位置设置		正常□ 异常□

八、雨刮器洗涤系统操作

检查项目	检查	检查结果
雨刮器洗涤系统操作		正常□ 异常□

2. 评分表

洗涤系统检查保养任务评分表

班级：_____ 组别：_____ 姓名：_____

评分项	得分条件	配分	自评	互评	师评
情意面	1. 能进行工位"7S"操作（总分:3分） 2. 能进行设备和工具安全检查（总分:3分） 3. 能进行场地人身安全防护操作（总分:4分） （1）正确安装警戒带和高压电警示牌（2分） （2）在进行36V以上高压电作业时,穿戴绝缘手套、绝缘鞋、绝缘服及护目镜（2分） 4. 能进行工具清洁、校准及复位存放操作（总分:2分） 5. 作业过程能进行"三不落地"操作（总分:3分）	15	□熟练 □不熟练	□熟练 □不熟练	□合格 □不合格

续表

评分项	得分条件	配分	自评	互评	师评
技能面	1. 能正确检查洗涤液液位(总分:5分) 2. 能正确检查雨刮器洗涤系统喷嘴及管路(总分:5分) 3. 能正确检查大灯清洗系统喷嘴及管路(总分:5分) 4. 能正确检查大灯清洗系统喷嘴伸缩情况(总分:5分) 5. 能正确检查雨刮片(总分:5分)	25	□熟练 □不熟练	□熟练 □不熟练	□合格 □不合格
作业面	1. 会按照要求对洗涤系统喷嘴和管路进行检查。(总分:2分) 2. 能正确添加洗涤液。(总分:2分) 3. 能正确对喷嘴和管路调整、疏通、清洗。(总分:5分) 4. 能正确操作大灯清洗系统开启。(总分:2分) 5. 能正确调配洗涤液。(总分:2分) 6. 能正确使用冰点测试仪对冰点测试(总分:5分) 7. 能正确调整雨刮片和更换雨刮片。(总分:3分) 8. 能正确操作雨刮器维修位置设置。(总分:2分) 9. 能正确操作雨刮清洗系统(总分:2分)	25	□熟练 □不熟练	□熟练 □不熟练	□合格 □不合格
信息面	能正确使用灯光与电气系统查询资料(总分:10分) (1)查询各元件安装位置(4分) (2)查询各元件连接情况(3分) (3)查询测量点标准值(3分)	10	□熟练 □不熟练	□熟练 □不熟练	□合格 □不合格
工具及设备的使用能力	1. 能正确使用维修工具拆装(总分:2.5分) 2. 能正确使用冰点测试仪(总分:2.5分) 3. 能正确使用喷嘴调试工具(总分:2.5分) 4. 能正确使用洗涤管路清理工具(总分:2.5分)	10	□熟练 □不熟练	□熟练 □不熟练	□合格 □不合格
分析面	1. 能判断喷嘴和管路是否正常(总分:2分) 2. 能判断大灯清洗系统开启是否正常(总分:2分) 3. 能判断雨刮器清洗系统开启是否正常(总分:2分) 4. 能判断雨刮片是否正常(总分:2分) 5. 能判断洗涤液是否正常(总分:2分)	10	□熟练 □不熟练	□熟练 □不熟练	□合格 □不合格

续表

评分项	得分条件	配分	自评	互评	师评
表单填写与报告的撰写能力	1. 字迹清晰、无错别字（总分：2分） 2. 语句通顺（总分：1分） 3. 无涂改、抄袭（总分：2分）	5	☐熟练 ☐不熟练	☐熟练 ☐不熟练	☐合格 ☐不合格
总计					

📖 知识要点

雨刮器/洗涤器系统由以下部分组成，如图 3-2-33 所示。

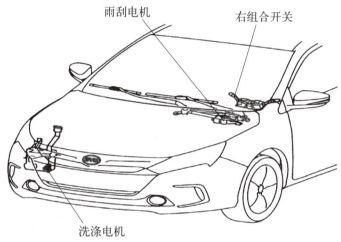

图 3-2-33　雨刮器/洗涤器系统组成

一、电动雨刮器

1. 电动雨刮器的组成（图 3-2-34）

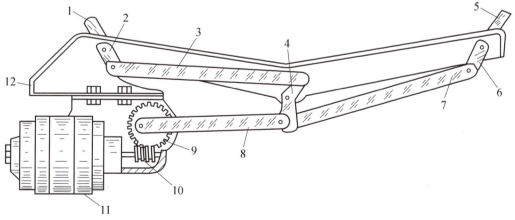

图 3-2-34　电动雨刮器

1，5—刷架；2，4，6—摆杆；3，7，8—拉杆；9—蜗轮；10—蜗杆；11—电动机；12—底板

(1) 电动机,如图 3-2-35 所示。

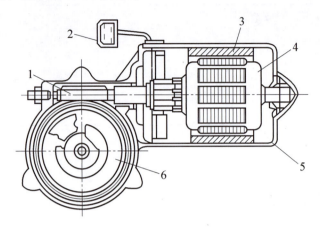

图 3-2-35　电动雨刮器永磁式电动机

1—蜗杆；2—插接器；3—永久磁铁磁极；4—电枢；
5—电动机；6—蜗轮

(2) 传动机构,如图 3-2-36 所示。

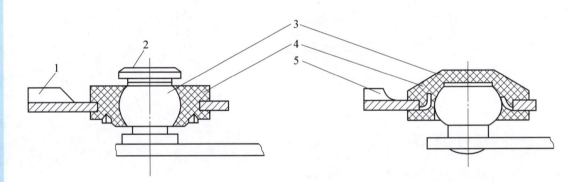

图 3-2-36　杆件间的球铰结构

1,5—杆件；2—防脱落肩胛；3—球；4—球铰套

(3) 控制电路,如图 3-2-37 所示。

(4) 雨刮片,如图 3-2-38 所示。

2. 永磁式电动雨刮器

永磁式电动雨刮器采用三刷式电动机,其结构如图 3-2-39 所示,电路原理图如图 3-2-40 所示。

二、风窗玻璃洗涤器

风窗玻璃洗涤器的组成如图 3-2-41 所示。

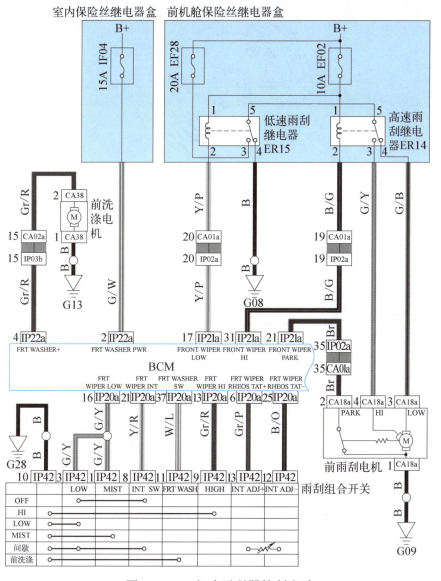

图 3-2-37　电动雨刮器控制电路

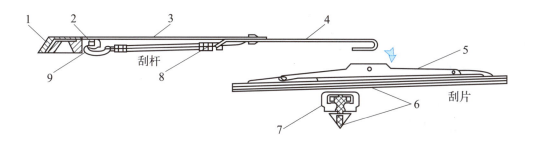

图 3-2-38　雨刮片的组成

1—罩；2—转轴销；3—刮臂；4—刮臂杆；5—刮片桥；6—胶条；7—簧片；
8—弹簧；9—簧钩与接头

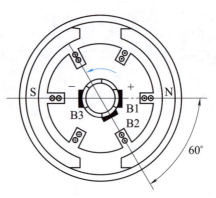

图 3-2-39 三刷式电动机

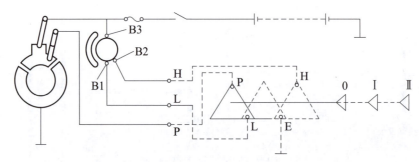

图 3-2-40 三刷式电动机电路原理图

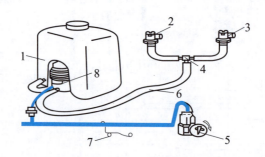

图 3-2-41 风窗玻璃洗涤器

1—洗涤液缸；2,3—喷嘴；4—三通管接头；5—雨刮器开关；
6—聚氯乙烯软管；7—熔断器；8—电动泵

任务学习测评

一、选择题

1. 检查雨刮器、洗涤器工作时，发动机状况为（　　）。
   A. 运行状态　　　　　B. 停转状态　　　　　C. 没有明确的规定

2. 检查洗涤器工作状况时，发动机舱盖处于（　　）。
   A. 扣合状态　　　　　B. 非扣合状态　　　　C. 没有明确规定

3. 检查雨刮片刮拭状况时，若前挡风玻璃上出现条纹状挂拭痕迹，主要原因为（　　）。

　　A. 前挡风玻璃变形　　　B. 雨刮片老化　　　C. 刮拭速度太快

4. 一般情况下，（　　）雨刮片性能更好，使用寿命更长。

　　A. 有骨型　　　　　　B. 无骨型

5. 检查洗涤器时，保持发动机运行的原因是（　　）。

　　A. 保持有足够的供电电压

　　B. 保持有足够的洗涤液供给

　　C. 保持洗涤器供电线路处于通电状态

二、判断题

1. 洗涤器和雨刮器检查没有明确的先后顺序。（　　）

2. 检查洗涤器工作状况时，发动机舱一定要扣合好。（　　）

3. 有些车型洗涤器喷射位置是不能调整的。（　　）

4. 雨刮器开关一般位于方向盘下侧的左手边位置。（　　）

5. 洗涤器联动状况是指喷射液体的同时，雨刮片动作。（　　）

三、填空题

1. 雨刮器洗涤系统由_____、_____、_____组成。

2. 洗涤器能够实现_____、_____、_____、_____四种控制模式。

3. 使用雨刮片时_____不能干刮。顽固、坚硬的污物不要使用雨刮片，应该_____。

四、解答题

简述打开雨刮器的操作步骤。

学习反思

可以从如下角度进行反思（不少于 200 字）：
1. 对这节课的学习你满意吗？达到你期望的水平了吗？
2. 这节课中你最满意的地方是哪里？
3. 这节课上你有哪些问题还没有解决？为什么？
4. 这节课让你觉得不足的地方在哪里？
5. 课堂上有出乎你意料的事件发生吗？你是如何解决的？
6. 如果让你重新学习这节课，你会怎样学习？

任务三　全车灯光检查保养

  任务定位

本书根据汽车运用与维修（含智能新能源汽车）1+X 证书制度职业技能等级标准中新能源汽车电子电气空调舒适技术【初级】所对应的灯光与电气系统检查保养内容进行设定。

工作情境描述

一辆吉利帝豪 EV450 汽车用户反映，车辆在夜间行驶时，总感觉汽车车灯照明高度太低，看不清，汽车行驶有安全隐患。经维修人员详细询问车辆故障现象及故障发生的过程后，对车辆进行诊断，初步判定需要先对汽车全车灯进行检查维修。

任务描述

维修人员在接到维修任务后，将完成以下工作：

1. 做好前期维修准备工作。
2. 查阅资料将汽车示宽灯、近光灯、远光灯、雾灯、尾灯等点亮进行检查。
3. 找到车辆故障原因，并进行维修。

任务目标

知识目标

1. 能说出车外照明灯保养方法。
2. 牢记并能准确阐述车外照明灯的分类及功用。
3. 牢记并能准确讲述前照灯高度的调整及更换方法。

技能目标

1. 能正确操作车外照明灯的功能开关。
2. 能正确对车外照明灯进行检查。
3. 能完成前照灯灯光高度的调整。
4. 能够独立完成更换汽车前照灯。
5. 能快速查阅维修手册，找出对应维修策略。

素养目标

1. 通过规范、安全有序地完成任务，培养学生规范精细操作意识与职业素养。
2. 通过同学间做学配合，提升学生沟通协作意识与能力。

任务实施

一、任务准备

（1）设备准备：吉利帝豪 EV450 新能源整车等。

(2) 工具准备：绝缘维修工具、多功能万用表、绝缘测试仪、维修手册等。

(3) 防护用品准备：绝缘垫、警示牌、绝缘帽、绝缘手套、绝缘鞋、车内四件套、车外三件套、车轮挡块等。

(4) 清洁工具：抹布、拖把等。

二、任务作业步骤

步骤一　安全防护

(1) 检查车辆在工位上是否停放周正，安装好车辆挡块；在车辆左前方1m处摆放警示牌并拉好警戒线。

(2) 铺好车内四件套和车外三件套。

(3) 穿好绝缘鞋，戴好防护镜、绝缘手套。

步骤二　查阅维修手册，找出全车灯信息，如图3-3-1所示。

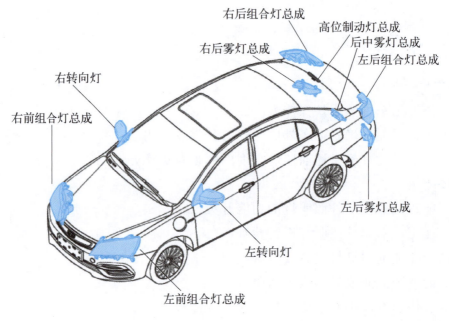

图 3-3-1　全车灯信息

步骤三　检查前照灯

(1) 在车内将灯光组合开关向前旋两挡，组合仪表内示宽灯及近光灯图标亮起，如图3-3-2所示；向下压灯光组合开关，远光灯及其指示灯图片亮起。

(2) 外观检查，检查前照灯总成是否亮起，安装有无松动，壳体有无开裂、油污、内部起雾等现象。如图3-3-3所示。

图 3-3-2　组合仪表灯亮

图 3-3-3　前照灯外观

步骤四　检查示宽灯

（1）将灯光组合开关向上旋动"1"挡，如图 3-3-4、图 3-3-5 所示，示宽灯、尾灯、仪表照明灯、牌照灯点亮。

图 3-3-4　前示宽灯

图 3-3-5　尾灯

（2）外观检查，检查示宽灯与尾灯是否亮起，安装有无松动，壳体有无开裂、油污、内部起雾等现象。

步骤五　检查转向灯与危险报警灯

（1）转向灯在前大灯总成中，将灯光组合开关上下搬动，左右转向灯亮起，如图 3-3-6 所示。将仪表板中央的危险报警灯按钮（红色三角形）按下，如图 3-3-7 所示，危险报警灯点亮。

图 3-3-6　检查转向灯

图 3-3-7　检查危险报警灯

（2）外观检查，检查转向灯与危险报警灯是否亮起，安装有无松动，壳体有无开裂、油污、内部起雾等现象。

步骤六　检查雾灯

（1）将组合灯光开关内侧的雾灯旋钮向前旋一挡，后雾灯及仪表板上后雾灯指示灯亮起，如图 3-3-8 所示。

图 3-3-8　检查雾灯

（2）外观检查，如图 3-3-9 所示，检查后雾灯是否亮起，安装有无松动，壳体有无开裂、油污、内部起雾等现象。

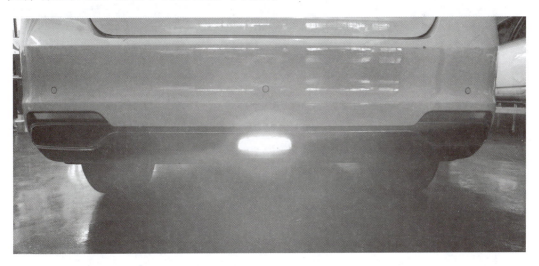

图 3-3-9　后雾灯外观检查

步骤七　检查制动灯

（1）踩踏制动踏板时，制动灯及高位制动灯亮起，如图 3-3-10 所示。

图 3-3-10 制动灯点亮

（2）外观检查，检查制动灯是否亮起，安装有无松动，壳体有无开裂、油污、内部起雾等现象。

步骤八 检查倒车灯

（1）手动变速器挂倒挡或自动变速器挂"R"挡，倒车灯点亮，如图 3-3-11 所示。

图 3-3-11 检查倒车灯

（2）外观检查，检查尾灯总成是否亮起，安装有无松动，壳体有无开裂、油污、内部起雾等现象。

步骤九　汽车车灯的更换

（1）更换汽车前照灯时，需要先将车辆熄火（下电），并断开蓄电池负极。

（2）再断开左侧前照灯连接线束（将前照灯总成件的电源插头拔下）。

（3）拆卸左侧前照灯固定螺栓（固定大灯的螺栓一般为三颗）。

（4）更换新的前照灯。

（5）安装左侧前照灯固定螺栓。

（6）安装左侧前照灯连接线束。

（7）安装蓄电池负极。

步骤十　汽车照明灯的高度调整

1. 准备工作

（1）需使用工具：内六角扳手、十字螺丝刀、钳子、扳手、黑色胶带、白墙、标识笔。

（2）将汽车开到距白墙2m的距离，并停在水平面上，按规定充足轮胎气压，从汽车上卸下所有物品。

2. 调整过程

（1）点亮远光灯，用黑色胶布分别标志出左右远光灯的中心点，如图3-3-12所示。

（2）判断左右远光灯中心点是否平行，用标识笔画出两条平行线。

（3）测出车灯外罩的几何中心点到地面的高度，如图3-3-13所示。

图3-3-12　点亮远光灯

图3-3-13　测出车灯外罩的几何中心点到地面的高度

(4)测出远光灯中心点到车头中心点的距离,如图 3-3-14 所示。

(5)测出白墙上远光灯中心到地面的高度,如图 3-3-15 所示。

 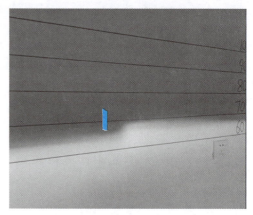

图 3-3-14　测出远光灯中心点到　　　　图 3-3-15　测出白墙上远光灯
　　　　　车头中心点的距离　　　　　　　　　　　中心到地面的高度

(6)测出白墙上远光灯中心点到车灯中心点的距离。

(7)打开发动机舱盖,用内角扳手或十字螺丝刀调整左右远光灯的高度螺钉。

(8)使调整后的远光灯中心点高于或低于原来的远光灯中心点。

(9)重复步骤(3)~(6),测出数据。

小提示:点亮前照灯必须保证使车辆前方灯光均匀明亮,保证驾驶员在一定宽度范围内看清前方 100m 之内的障碍物。在高速路上,汽车高速行驶时,前照灯的照明距离应该达到 200~250m。

任务考评

1. 任务表

全车灯光检查保养任务表

班级:_____　组别:_____　姓名:_____

一、新能源车辆信息记录

整车型号		生产日期	
驱动电机型号		动力电池额定电压	
额定功率		额定容量	
车辆识别码		行驶里程	

二、全车灯光功能及外观检查

检测项目	检测结果
示宽灯功能	□正常　□异常

续表

检测项目	检测结果
远光灯功能	☐正常 ☐异常
近光灯功能	☐正常 ☐异常
转向灯功能	☐正常 ☐异常
雾灯功能	☐正常 ☐异常
制动灯功能	☐正常 ☐异常
倒车灯功能	☐正常 ☐异常
牌照灯功能	☐正常 ☐异常

三、更换汽车左前照灯,检查及调整灯光高度

检查项目	车灯外罩的几何中心点到地面的高度	远光灯中心点到车头中心点的距离	幕布或白墙上远光灯中心到地面高度	幕布或白墙上远光灯中心点到车灯中心点的距离	检查结果
左侧前照灯（调整前）					☐正常 ☐异常
左侧前照灯（调整后）					☐正常 ☐异常

2. 评分表

全车灯光检查保养任务评分表

班级：_____ 组别：_____ 姓名：_____

评分项	得分条件	配分	自评	互评	师评
情意面	1. 能进行工位"7S"操作(总分:3分) 2. 能进行设备和工具安全检查（总分：3分） 3. 能进行车辆安全防护操作(总分:4分) (1)正确安装车辆内、外防护(1分) (2)正确安装警戒带和高压电警示牌(1分) (3)在进行36V以上高压电作业时,穿戴绝缘手套、绝缘鞋、绝缘服及护目镜(1分) (4)正确断开高压维修开关,并等待5分钟以上(1分) 4. 能进行工具清洁、校准及复位存放操作（总分:2分） 5. 作业过程能进行"三不落地"操作(总分:3分)	15	☐熟练 ☐不熟练	☐熟练 ☐不熟练	☐合格 ☐不合格

续表

评分项	得分条件	配分	自评	互评	师评
技能面	1. 能正确检查电气系统功能(总分:8分) (1)示宽灯功能操作(1分) (2)远光灯功能操作(1分) (3)近光灯功能操作(1分) (4)转向灯功能操作(1分) (5)雾灯功能操作(1分) (6)制动灯功能操作(1分) (7)倒车灯功能操作(1分) (8)牌照灯功能操作(1分) 2. 能正确更换左侧前照灯总成(总分:5分) (1)更换前查阅维修手册(1分) (2)拆卸安装过程遵循手册要求(4分) 3. 能正确检查调整左侧前照灯灯光高度(总分:12分) (1)能正确测量左侧前照灯外罩的几何中心点到地面的高度(3分) (2)能正确测量远光灯中心点到车头中心点的距离(3分) (3)能正确测量幕布或白墙上车灯中心到地面高度(3分) (4)能正确测量幕布或白墙上远光灯中心点到车灯中心点的距离(3分)	25	□熟练 □不熟练	□熟练 □不熟练	□合格 □不合格
作业面	1. 能正确检查组合仪表工作情况(总分:5分) (1)示宽灯功能是否正常(0.5分) (2)调整座椅把手,检查座椅调整功能是否正常(0.5分) (3)打开示宽灯,检查示宽灯工作情况(0.5分) (4)打开近光灯,检查近光灯工作情况(0.5分) (5)打开远光灯,检查远光灯工作情况(0.5分) (6)打开前雾灯,检查前雾灯工作情况(0.5分) (7)检查倒车灯功能工作情况(0.5分) (8)踩下制动踏板,检查制动灯工作情况(0.5分) (9)牌照灯工作情况(0.5分) (10)转向灯工作情况(0.5分) 2. 能正确更换左侧前照灯总成(总分:7分)	25	□熟练 □不熟练	□熟练 □不熟练	□合格 □不合格

续表

评分项	得分条件	配分	自评	互评	师评
作业面	(1)车辆熄火(下电)，断开蓄电池负极(1分) (2)断开左侧前照灯连接线束(1分) (3)拆卸左侧前照灯固定螺栓(1分) (4)更换新的前照灯(1分) (5)安装左侧前照灯固定螺栓(1分) (6)安装左侧前照灯连接线束(1分) (7)安装蓄电池负极(1分) 3.能正确检查前照灯情况(总分:13分) 注:涉及移车时,由老师先在墙面上确定远光灯和近光灯的参考位置,并作标记。 (1)检查车辆灯光与幕布或白墙的距离(正面相对2m)(1分) (2)找到车头中心线(因为涉及移车,中心线事先由老师确定)(2分) (3)测量车灯外罩的几何中心点到地面的高度(2分) (4)测量近光灯透镜的中心点到车头中心点的距离,以及远光灯中心点到车头中心点的距离(2分) (5)测量幕布或白墙上车灯中心到地面高度(3分) (6)测量幕布或白墙上两车灯中心距离(3分)	25	□熟练 □不熟练	□熟练 □不熟练	□合格 □不合格
信息面	1.能正确使用用户手册查询所需资料(总分:8分) (1)查询灯光及电气的操作方法(3分) (2)查询组合仪表的说明(3分) (3)查询光度计使用方法(2分) 2.能正确记录所查询资料章节页码及所需维修信息(总分:2分)	10	□熟练 □不熟练	□熟练 □不熟练	□合格 □不合格
工具及设备的使用能力	1.能正确选用维修工具(总分:1分) 2.能正确使用卷尺(总分:3分) 3.能正确使用光度计(总分:3分) 4.能正确使用固定屏幕/白色垂直墙体(总分:3分)	10	□熟练 □不熟练	□熟练 □不熟练	□合格 □不合格

续表

评分项	得分条件	配分	自评	互评	师评
分析面	1. 能判断灯光功能是否正常（总分:5分） 2. 能判断灯光高度是否正常（总分:5分）	10	□熟练 □不熟练	□熟练 □不熟练	□合格 □不合格
表单填写与报告的撰写能力	1. 字迹清晰、无错别字（总分:2分） 2. 语句通顺（总分:1分） 3. 无涂改、抄袭（总分:2分）	5	□熟练 □不熟练	□熟练 □不熟练	□合格 □不合格
合计					

🔧 知识要点

一、车外照明灯的分类

车外照明灯是汽车夜间行驶必不可少的照明设备，为了提高汽车的行驶速度，确保夜间行车的安全。汽车上安装有多种照明设备，一般车外照明灯分为照明灯和信号灯：照明灯有近光灯、远光灯、雾灯等；信号灯分为尾灯、制动灯、转向灯、倒车灯、危险报警灯、牌照灯、示宽灯等。示宽灯又被称为日间行车灯，近光灯、远光灯被称为前照灯。

二、车外照明灯的功用

（一）前照灯

点亮前照灯在夜间行车时能提高能见度，远近光切换可起到提示或警示的作用。对于前照灯的使用，有严格的要求：通常在没有道路照明灯时使用远光灯，如高速路、乡村公路等；有道路照明灯或会车时，需要切换成近光灯。

（二）雾灯

雾灯在汽车前部，比前照灯稍低一些，左右两边各一个。有些车型还设置了后雾灯，后雾灯一般只有一个，位于汽车尾部。雾灯主要是在雨雾天气行车时使用，能提高能见度和起到警示作用。

（三）转向灯与危险报警灯

转向灯、危险报警灯都在前大灯总成，汽车转向时，需要开启转向灯，向行人或车辆提示转向的意图；遇到危险或紧急情况时，需要开启危险报警灯，向行人或车辆提示有危险或紧急情况。

（四）示宽灯与尾灯

开启示宽灯和尾灯都是对行人和其他车辆起到警示作用。

（五）制动灯

在车辆制动时，制动灯亮，对车后的行人或车辆起到警示作用，避免追尾事故的发生。

（六）倒车灯

汽车倒车时，倒车灯对车后的行人或车辆起到警示作用。

任务学习测评

填空题

1. 车外照明灯由_____和_____两部分组成。
2. 车外信号灯由_____组成。
3. 前照灯的功用是_____。
4. 雾灯的检查方法为_____。
5. 左远光灯的调整方法是_____。

学习反思

可以从如下角度进行反思（不少于 200 字）：

1. 对这节课的学习你满意吗？达到你期望的水平了吗？
2. 这节课中你最满意的地方是哪里？
3. 这节课上你有哪些问题还没有解决？为什么？
4. 这节课让你觉得不足的地方在哪里？
5. 课堂上有出乎你意料的事件发生吗？你是如何解决的？
6. 如果让你重新学习这节课，你会怎样学习？

 **素质拓展**

自主掌控新能源汽车"最强大脑"

2021年,智新半导体IGBT生产线正式投入量产,东风公司首次打破国外IGBT产业垄断,实现了对IGBT这一新能源汽车"大脑"的自主掌控。这是东风公司零部件产业技术进阶、创新转型的重大跃迁,是东风"五化"发展尤其是掌握新能源自主核心技术资源的重要一步。

IGBT这类功率半导体,是新能源汽车电控系统的核心组成,能直接控制全车交直流转换、功率调控等核心指标,被称作新能源汽车的"最强大脑"。当前,我国车规级IGBT市场约占全球份额30%以上,但由于国内产能不足,IGBT产品对进口依赖度将近95%,严重制约我国新能源汽车行业的健康发展。

为解决功率半导体器件"卡脖子"问题,2019年6月,东风公司与中国中车两大央企,前瞻性地在武汉合资成立智新半导体有限公司,开始自主研发生产车规级的IGBT芯片模块,旨在打破欧美日企业在中高端IGBT市场的垄断地位。

短短两年,两大央企的战略合作就结出了第一个硕果——2021年7月7日,以国际一流的第六代IGBT技术为基础的生产线启动量产,华中地区首批自主生产的车规级IGBT模块产品正式下线。

智新半导体IGBT模块投产,标志着东风公司朝自主掌握新能源关键核心技术资源又迈出了重要一步。在中国中车的支持下,通过跨企业合作,东风掌握了IGBT的自主话语权,担当起控制器件产品产业链链长的角色,构筑起更加安全稳定的自主"三电"供应链。

模块四 新能源汽车空调与舒适系统检查保养

📚 模块概述

本模块主要介绍新能源汽车空调与舒适系统的作用、结构、原理,技能任务包括制冷暖风系统检查保养、车门车窗饰件检查保养、舒适系统检查保养。通过对本模块的学习,学生可以掌握新能源汽车空调与舒适系统的知识要点,并能完成汽车专业领域职业技能等级证书标准中冷暖风系统检查保养、车门车窗饰件检查保养、舒适系统检查保养的技能操作任务。

任务一 制冷与暖风系统检查保养

➡️ 任务定位

本任务根据汽车运用与维修(含智能新能源汽车)1+X证书制度职业技能等级标准中新能源汽车电子电气空调舒适技术【初级】模块二所对应的制冷与暖风系统性能检查保养内容进行设定。

⚙️ 工作情境描述

一辆吉利帝豪EV450汽车用户反映,空调正常开启时,制冷效果差。经维修人员详细询问车辆故障现象及故障发生的过程后,对空调系统进行检查,初步判定是由制冷剂不足导致制冷效果差。

📋 任务描述

维修人员在接到维修任务后,将完成以下工作:
1. 做好前期维修准备工作。
2. 对空调系统进行检查。

175

任务目标

知识目标

1. 牢记并能准确描述空调系统的组成及作用。
2. 牢记并能准确描述温度计、湿度计、空调压力表、检漏仪、风速仪的使用方法。

技能目标

1. 能正确找到新能源汽车空调各个组成部件。
2. 会正确操作温度计、湿度计、空调压力表、检漏仪、风速仪。
3. 能正确记录故障现象、故障点。

素养目标

通过对制冷与暖风系统性能检查保养的学习,培养学生细致认真、规范检测作业的意识与职业素养。

 任务实施

一、任务准备

(1) 设备准备:吉利帝豪 EV450 新能源整车等。

(2) 工具准备:绝缘维修工具、多功能万用表、绝缘测试仪、维修手册、温度计、湿度计、空调压力表、检漏仪、风速仪等。

(3) 防护用品准备:绝缘垫、警示牌、绝缘帽、绝缘手套、绝缘鞋、车内四件套、车外三件套、车轮挡块等。

(4) 清洁工具:吸油纸、抹布、拖把等。

二、任务作业步骤

步骤一 安全防护

(1) 检查车辆在工位上是否停放周正,安装好车辆挡块;在车辆左前方1m处摆放警示牌并拉好警戒线。

(2) 铺好车内四件套和车外三件套。

(3) 穿好绝缘鞋、戴好防护镜、戴好绝缘手套。

环境的温度和湿度检查

出风口制冷温度、湿度检测

步骤二 环境的温度和湿度检查
用温度计、湿度计检测环境温度与湿度,如图 4-1-1 所示。

步骤三 出风口制冷温度、湿度检测
用温度计、湿度计检测出风口制冷温度、湿度。

步骤四 出风口暖风温度、湿度检测

出风口暖风温度、湿度检测

用温度计、湿度计检测出风口暖风温度、湿度。

步骤五　风速检测

对出风口风速进行检测，如图4-1-2所示。

风速检测

图4-1-1　环境的温度和湿度检测

图4-1-2　风速检测

步骤六　制冷管路压力检测

（1）连接低压检测管路，如图4-1-3所示。

（2）连接高压检测管路，如图4-1-4所示。

制冷管路压力检测

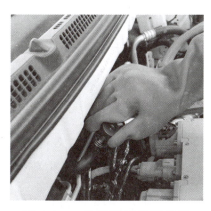

图4-1-3　连接低压检测管路

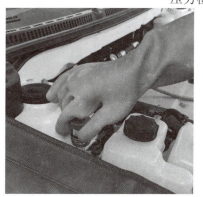

图4-1-4　连接高压检测管路

（3）安装好压力表后读取数据，如图4-1-5、图4-1-6、图4-1-7所示。

步骤七　制冷剂泄漏检测（如图4-1-8所示）

图4-1-5　压力表安装

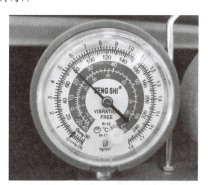

图4-1-6　低压表压力读数

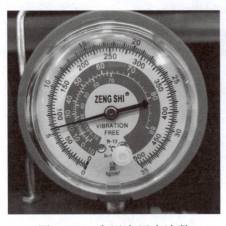
图 4-1-7 高压表压力读数

图 4-1-8 制冷剂泄漏检测

任务考评

1. 任务表

制冷与暖风系统检查保养任务表

班级：_____ 组别：_____ 姓名：_____

一、新能源车辆信息记录

整车型号		生产日期	
驱动电机型号		动力电池额定电压	
额定功率		额定容量	
车辆识别码		行驶里程	

二、环境温度、湿度检测

检测项目	检测数据	检测结果
环境温度、湿度		正常□ 异常□

三、出风口冷、暖风温度、湿度风速检测

检测项目	检测数据	检测结果
出风口冷风温度、湿度		正常□ 异常□
出风口冷风温度、湿度		正常□ 异常□
出风口风速		正常□ 异常□

四、制冷管路压力检测

检测项目	检测数据	检测结果
低压管路压力		正常□ 异常□
高压管路压力		正常□ 异常□

五、制冷剂泄漏检测

检测项目	检测数据	检测结果
低压管路		正常□ 异常□
高压管路		正常□ 异常□

2. 评分表

制冷与暖风系统检查保养任务评分表

班级：_____ 组别：_____ 姓名：_____

评分项	得分条件	配分	自评	互评	师评
情意面	1. 能进行工位"7S"操作(总分:3分) 2. 能进行设备和工具安全检查（总分：3分） 3. 能进行场地人身安全防护操作(总分：4分) (1)正确安装警戒带和高压电警示牌(2分) (2)在进行36V以上高压电作业时,穿戴绝缘手套、绝缘鞋、绝缘服及护目镜(2分) 4. 能进行工具清洁、校准及复位存放操作（总分:2分） 5. 作业过程能进行"三不落地"操作(总分:3分)	15	□熟练 □不熟练	□熟练 □不熟练	□合格 □不合格
技能面	1. 能正确使用温度计、湿度计（总分:5分） 2. 能正确使用风速仪(总分:5分) 3. 能正确使用空调压力表(总分:5分) 4. 能正确使用空调检漏仪(总分:5分)	20	□熟练 □不熟练	□熟练 □不熟练	□合格 □不合格
作业面	1. 会正确测量环境温度、湿度（总分:5分） 2. 会正确测量冷风温度、湿度（总分:5分） 3. 会正确测量暖风温度、湿度（总分:5分） 4. 会正确测量风速(总分:5分) 5. 会正确测量低压、高压管路压力(总分:5分) 6. 会正确检测空调管路泄漏(总分:5分)	30	□熟练 □不熟练	□熟练 □不熟练	□合格 □不合格
信息面	能正确查看维修手册(总分:10分) (1)查询各元件安装位置(4分) (2)查询各元件线路连接情况(3分) (3)查询测量点标准值(3分)	10	□熟练 □不熟练	□熟练 □不熟练	□合格 □不合格
工具及设备的使用能力	1. 能正确使用维修工具拆装(总分:3分) 2. 能正确使用多功能万用表(总分:3分) 3. 能正确使用绝缘测试仪(总分:4分)	10	□熟练 □不熟练	□熟练 □不熟练	□合格 □不合格

续表

评分项	得分条件	配分	自评	互评	师评
分析面	1. 能判断冷风是否正常（总分：2分） 2. 能判断暖风是否正常（总分：2分） 3. 能判断低压管路压力是否正常（总分：2分） 4. 能判断高压管路压力是否正常（总分：2分） 5. 能判断空调管路是否正常（总分：2分）	10	☐熟练 ☐不熟练	☐熟练 ☐不熟练	☐合格 ☐不合格
表单填写与报告的撰写能力	1. 字迹清晰、无错别字（总分：2分） 2. 语句通顺（总分：1分） 3. 无涂改、抄袭（总分：2分）	5	☐熟练 ☐不熟练	☐熟练 ☐不熟练	☐合格 ☐不合格
总计					

知识要点

汽车空调系统是实现对车厢内空气进行制冷、加热、换气，改变气流方向和空气净化的装置。主要由制冷系统、采暖系统、送风系统三大部分组成，可以为乘车人员提供舒适的乘车环境，降低驾驶人的疲劳程度，提高行车安全。

一、空调制冷系统的组成

新能源汽车空调制冷系统的组成与传统车辆类似，只是空调压缩机改为电动形式的压缩机。主要由空调压缩机、冷凝器、膨胀阀、蒸发器及管路组成，如图4-1-9所示。

1. 电动空调压缩机

新能源汽车空调驱动方式与传统汽车空调不同，采用电机驱动。电动空调压缩机固定在车辆的底盘上，一般在电动空调压缩机上集成有压缩机控制器。空调压缩机控制器将高压直流电转换成三相交流电而驱动空调压缩机。电动压缩机上布置有高压插头和低压插头，压缩机本体上有供制冷剂循环的进出管路。

2. 冷凝器

冷凝器是指将制冷剂所含的热量释放，并将制冷剂由气态转变成液态的热交换器。冷凝器安装在车辆的前部，风扇将风吹过散热装置，以利于排出热量。来自压缩机的制冷剂以高温高压的气态形式从顶部进入冷凝器。当经过冷凝器时，制冷剂释放所含的大量热量并凝集在底部。在冷凝器出口，制冷剂处

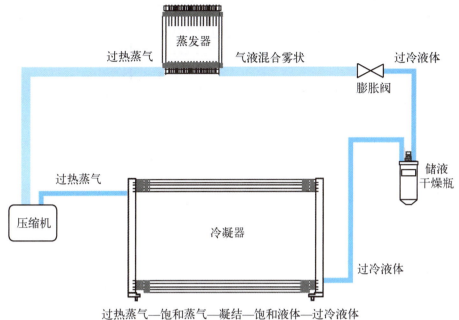

图 4-1-9　新能源汽车空调制冷系统

于高压低温液态。

3. 膨胀阀

膨胀阀的作用是使从冷凝器过来的高温高压液体制冷剂通过膨胀阀的节流作用，降压成为容易蒸发的低温低压雾状制冷剂进入蒸发器，即分开了制冷剂的高压侧和低压侧。膨胀阀可以自动调节制冷剂流量，它根据制冷负荷的改变和压缩机转速的变化，自动调节制冷剂进入蒸发器的流量以满足制冷循环的需要。

4. 蒸发器

蒸发器是一个热交换器，减压后的制冷剂以液/气态进入蒸发器，蒸发器中的制冷剂吸收进入车内的外部空气的热量，制冷剂蒸发。在蒸发器出口处，制冷剂呈低压低温气态。

在蒸发器处安装有蒸发器温度传感器来测量蒸发器温度，当蒸发器低于一定温度时空调停止运转，防止蒸发器结霜、结冰，当蒸发器高于一定温度时，空调系统才能重新接通。蒸发器是空调电气控制系统的一个保护性传感元件。

二、空调采暖系统

新能源汽车没有传统汽车的发动机，没有了热源，靠电加热器的热能采暖，如图 4-1-10 所示。空调的暖风部分，热源为 PIC 加热电阻。在有的车型中，使用 PTC 加热电阻加热冷却液作为热源。

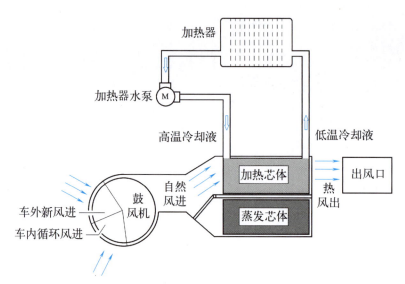

图 4-1-10　新能源汽车空调采暖系统工作原理

三、空调送风系统

空调送风系统的作用是将经过冷却或加热的空气通过特定的风道送到驾驶室内相应的位置。送风系统主要由鼓风机、风道、风门和出风口等组成。

任务学习测评

一、选择题

1.（　　）是实现对车厢内空气进行制冷、加热、换气，改变气流方向和空气净化的装置。

A. 汽车空调　　　　B. 汽车空调系统　　　　C. 空调送风系统

2.（　　）是用于将制冷剂所含的热量释放，并将制冷剂由气态转变成液态的热交换器。

A. 冷凝器　　　　B. 压缩机　　　　C. 蒸发器

3.（　　）的作用是指经过冷却或加热的空气通过特定的风道送到驾驶室内相应的位置。

A. 汽车空调　　　　B. 汽车空调系统　　　　C. 空调送风系统

二、判断题

1. 新能源汽车空调驱动方式与传统汽车空调不同，采用电机驱动。（　　）

2. 新能源汽车没有传统车的发动机，没有了热源，靠电加热器的热能采暖。（　　）

3. 压缩机是指将制冷剂所含的热量释放，并将制冷剂由气态转变成液态

的热交换器。（　　）

三、填空题

1. 空调系统主要由_____、_____、_____三部分组成。

2. 送风系统主要由_____、_____、_____、_____四个部分组成。

四、解答题

1. 写出膨胀阀的作用。

2. 写出空调制冷系统的主要组成部分。

学习反思

可以从如下角度进行反思（不少于 200 字）：
1. 对这节课的学习你满意吗？达到你期望的水平了吗？
2. 这节课中你最满意的地方是哪里？
3. 这节课上你有哪些问题还没有解决？为什么？
4. 这节课让你觉得不足的地方在哪里？
5. 课堂上有出乎你意料的事件发生吗？你是如何解决的？
6. 如果让你重新学习这节课，你会怎样学习？

任务二　车窗、天窗饰件检查保养

任务定位

本任务根据汽车运用与维修（含智能新能源汽车）1＋X证书制度职业技能等级标准中新能源汽车电子电气空调舒适技术【初级】模块四所对应的舒适系统检查保养内容进行设定。

工作情境描述

一辆吉利帝豪EV450汽车用户反映，车辆左前车窗玻璃无法升降。维修人员详细询问车辆故障现象及故障发生的过程，对车辆进行诊断后，初步判定需要对电动车窗进行检查。

任务描述

维修人员在接到维修任务后，将完成以下工作：
1. 做好前期维修准备工作。
2. 查阅资料找出电动车窗操纵性能检测方法。

任务目标

知识目标
1. 牢记并能准确描述电动车窗、电动天窗的组成。
2. 牢记并能准确描述电动车窗、电动天窗动作测试及数据流的读取方法。

技能目标
1. 能对电动车窗操纵性能进行检测。
2. 能对电动车窗进行动作测试、恢复。
3. 能对电动天窗进行动作测试、恢复。

素养目标

通过进行电动车窗检查学习，培养学生安全检测、规范作业的意识与职业素养。

任务实施

一、任务准备

（1）设备准备：吉利帝豪 EV450 新能源整车等。

（2）工具准备：绝缘维修工具、多功能万用表、诊断仪、维修手册等。

（3）防护用品准备：绝缘垫、警示牌、绝缘帽、绝缘胶带、绝缘鞋、车内四件套、车外三件套、车轮挡块等。

（4）清洁工具：抹布、拖把等。

二、任务作业步骤

步骤一　安全防护

（1）检查车辆在工位上是否停放周正，安装好车辆挡块；在车辆左前方 1m 处摆放注意有电警示牌并拉好警戒线。

（2）铺好车内四件套和车外三件套。

（3）穿好绝缘鞋，戴好防护镜，正确检查和戴好绝缘手套。

步骤二　蓄电池电压检查

（1）检查并确认启动开关使电源模式至 OFF 状态。

（2）用万用表直流电压 20V 挡位测量并读取蓄电池电压，如图 4-2-1 所示。

小提示

标准电压为 11~14V。

图 4-2-1　测量蓄电池电压

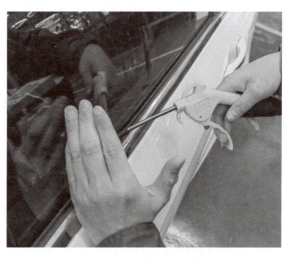

图 4-2-2　清洁玻璃导轨

步骤三　电动车窗清洁、润滑

（1）使用吹风枪清洁所有电动车窗的玻璃导轨，如图4-2-2所示。

（2）对所有电动车窗的玻璃导轨涂抹润滑脂。

步骤四　电动车窗动作测试

（1）将点火开关置于OFF挡位，连接诊断仪。

（2）将点火开关置于ON（IG）挡位，打开诊断仪，选择车型，进入车身控制系统（BCM），如图4-2-3所示。

图4-2-3　进入车身控制系统

（3）进入电动车窗系统，进入执行元件测试菜单，如图4-2-4所示。

（4）分别对左前、左后、右前、右后电动车窗进行升降检查，如图4-2-5所示。

（5）退出执行元件测试菜单。

步骤五　电动车窗数据流的读取

（1）点击故障码读取按钮，记录故障码，如图4-2-6所示。

（2）选择读取数据流，操作驾驶侧和乘客侧电动车窗开关，各开关数据流应活动，如图4-2-7所示。

（3）根据故障码和数据流信息查找维修手册，根据维修手册查找故障原因。

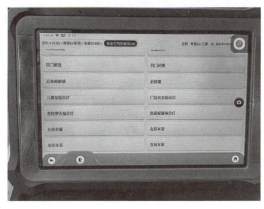

图 4-2-4　进入执行元件测试菜单

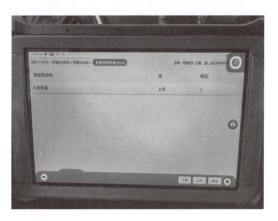

图 4-2-5　左前车窗升降检查

图 4-2-6　读取电动车窗的故障码

图 4-2-7　读取电动车窗的数据流

步骤六　电动天窗清洁、润滑

（1）打开电动天窗到全开位置，将电动天窗导轨内的异物清理干净，如果导轨较脏，可以喷清洁润滑剂，如图 4-2-8 所示。

（2）将电动天窗排水孔周围的异物清理干净后进行功能检查。

（3）使用气枪疏通各条导水管，在电动天窗导轨上涂抹专用润滑脂，如图 4-2-9 所示。

电动天窗清洁、润滑

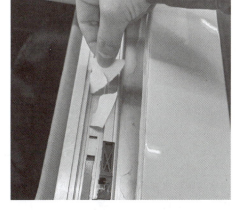

图 4-2-8　清理天窗导轨

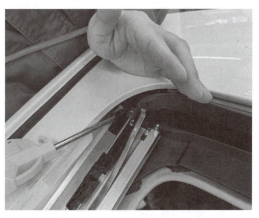

图 4-2-9　疏通天窗导水管

步骤七　电动天窗动作测试

(1) 将诊断仪退回到车身系统。

(2) 进入电动天窗系统，进入执行元件测试菜单。

(3) 观察电动天窗电机的动作。

(4) 退出执行元件测试菜单。

步骤八　电动天窗数据流的读取

(1) 选择读取故障码，记录故障码。

(2) 选择读取数据流，分别操作滑动开关和倾斜开关，各开关数据流应活动。

(3) 根据故障码和异常数据流信息查找维修手册，再根据维修手册流程查找故障原因。

步骤九　任务结束，整理工位

(1) 车辆断电，将钥匙放到工具车上，锁好汽车。

(2) 收拾工位，做好清洁。

任务考评

1. 任务表

车窗、天窗饰件检查保养任务表

一、新能源车辆信息记录			
整车型号		生产日期	
驱动电机型号		动力电池额定电压	
额定功率		额定容量	
车辆识别码		行驶里程	
二、蓄电池检查			
检测项目	检测数据		检测结果
蓄电池电压			正常☐　异常☐
三、电动车窗功能测试			
检测项目	检测结果	检测项目	检测结果
左前电动车窗	正常☐　异常☐	右前电动车窗	正常☐　异常☐
左后电动车窗	正常☐　异常☐	右后电动车窗	正常☐　异常☐
四、电动车窗故障码、数据流的读取			
读取故障码			
清除后的故障码			
检测项目	检测结果	检测项目	检测结果
左前电动车窗检查	活动☐　不活动☐	右前电动车窗检查	活动☐　不活动☐
左后电动车窗检查	活动☐　不活动☐	右后电动车窗检查	活动☐　不活动☐

续表

五、电动天窗功能测试

检测项目	检测结果	检测项目	检测结果
电动天窗滑动功能检查	正常□ 异常□	电动天窗倾斜功能检查	正常□ 异常□

六、电动天窗故障码、数据流的读取

读取故障码	
清除后的故障码	

检测项目	检测结果	检测项目	检测结果
电动天窗滑动功能	活动□ 不活动□	电动天窗倾斜功能	活动□ 不活动□

七、电动车窗、电动天窗保养

作业项目	记录	作业项目	记录
电动车窗玻璃导轨润滑	执行□ 未执行□	电动天窗导轨润滑	执行□ 未执行□

2. 评分表

车窗、天窗饰件检查保养任务评分表

班级：_____ 组别：_____ 姓名：_____

评分项	得分条件	配分	自评	互评	师评
情意面	1. 能进行工位"7S"操作（总分：3分） 2. 能进行设备和工具安全检查（总分：3分） 3. 能进行场地人身安全防护操作（总分：4分） （1）正确安装警戒带和高压电警示牌（2分） （2）在进行36V以上高压电作业时，穿戴绝缘手套、绝缘鞋、绝缘服及护目镜（2分） 4. 能进行工具清洁、校准及复位存放操作（总分：2分） 5. 作业过程能进行"三不落地"操作（总分：3分）	15	□熟练 □不熟练	□熟练 □不熟练	□合格 □不合格
技能面	1. 能正确检查蓄电池电压（总分：3分） 2. 能正确检查电动车窗的工作情况（总分：8分） （1）能操作电动车窗快速升降（2分） （2）能操作电动车窗暂停升降（2分） （3）能操作诊断仪进行电动车窗的动作测试（2分） （4）能操作诊断仪读取电动车窗的故障码和数据流（2分） 3. 能正确检查电动天窗的工作情况（总分：8分） （1）能操作电动天窗开关使其滑动（2分）	25	□熟练 □不熟练	□熟练 □不熟练	□合格 □不合格

续表

评分项	得分条件	配分	自评	互评	师评
技能面	(2)能操作电动天窗开关使其倾斜(2分) (3)能操作诊断仪进行电动天窗的动作测试(2分) (4)能操作诊断仪读取电动天窗的故障码和数据流(2分) 4.能对电动车窗、电动天窗进行保养(总分:6分) (1)能对电动车窗玻璃导轨进行润滑(3分) (2)能对电动天窗导轨进行润滑(3分)	25	□熟练 □不熟练	□熟练 □不熟练	□合格 □不合格
作业面	能正确对车窗、天窗饰件检查和保养(总分:25分) (1)检查全车电动车窗升降功能(11分) (2)检查电动天窗的滑动与倾斜功能(8分) (3)保养电动车窗(3分) (4)保养电动天窗(3分)	25	□熟练 □不熟练	□熟练 □不熟练	□合格 □不合格
信息面	1.能正确使用用户手册查询所需资料(总分:4分) (1)查询电动车窗的保养方法(2分) (2)查询电动天窗的保养方法(2分) 2.能正确使用设备使用手册查询所需资料(总分:2分) 3.能在规定时间内查询所需资料(总分:1分) 4.能正确记录所需维修信息(总分:3分)	10	□熟练 □不熟练	□熟练 □不熟练	□合格 □不合格
工具及设备的使用能力	1.能正确选用维修工具(总分:3分) 2.能正确使用维修工具进行拆装(总分:3分) 3.能正确使用诊断仪(总分:4分)	10	□熟练 □不熟练	□熟练 □不熟练	□合格 □不合格
分析面	1.能判断电动车窗工作是否正常(总分:5分) 2.能判断电动天窗工作是否正常(总分:5分)	10	□熟练 □不熟练	□熟练 □不熟练	□合格 □不合格
表单填写与报告的撰写能力	1.字迹清晰、无错别字(总分:2分) 2.语句通顺(总分:1分) 3.无涂改、抄袭(总分:2分)	5	□熟练 □不熟练	□熟练 □不熟练	□合格 □不合格
总计					

知识要点

一、电动车窗基本知识

电动车窗是指以电为动力使车窗玻璃自动升降的装置。它由驾驶员或乘员操纵,开关接通车窗升降电动机的电路,电动机产生动力,通过一系列的机械传动,使车窗玻璃按要求进行升降。其优点是操作简便,有利于行车安全。

电动车窗主要由车窗玻璃升降器(如图 4-2-10 所示)、电机、开关(车窗总开关、锁止开关、车窗开关)等组成。

(一)玻璃升降器

吉利帝豪 EV450 的玻璃升降器具有以下四种操作方式:手动上升、手动下降、自动上升、自动下降。没有防夹功能的升降器具有以下三种操作方式:手动上升、手动下降、自动下降。

手动上升:轻扳玻璃升降器开关的手动上升挡位,并保持不放,相对应的玻璃升降器电机运动,使车窗玻璃运动上升;释放开关,车窗玻璃停止运动。

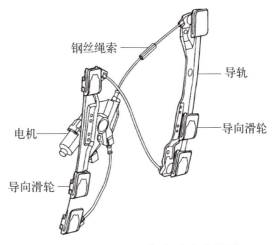

图 4-2-10　EV450 车窗玻璃升降器

手动下降:轻按玻璃升降器开关的手动下降挡位,并保持不放,相对应的玻璃升降器电机运动,使车窗玻璃运动下降;释放开关,车窗玻璃停止运动。

自动上升:完全上拉玻璃升降开关(上拉保持时间大于 500ms),车窗自动上升至最高位置,或一直上升到再次按下或上拉开关为止。

自动下降:完全按下玻璃升降开关(按下保持时间大于 500ms),车窗自动下降至底部,或一直下降到再次按下或上拉开关为止。

车窗自动上升或下降期间,如果上拉或按下玻璃升降开关超过 500ms 并保持操作,车窗将改为手动上升或下降模式;如果按下左前门玻璃升降开关上升或下降键不超过 500ms,车窗将停止运行。

(二)电机

吉利帝豪 EV450 的四个玻璃升降电机均具有连续输出 8s 保护功能,其中左前门玻璃升降器和左后门玻璃升降器共用一个电源(25A),右前门玻璃升降器和右后门玻璃升降器共用一个电源(25A)。若电机连续运行时间超过

20s，则控制模块关闭并失去初始化。

（三）控制开关

所有车窗系统都有两套控制开关：一套是总开关（如图 4-2-11 所示），安装在驾驶人侧车门扶手上或仪表板上，由驾驶人操纵；另一套为车窗开关，安装在乘客侧车门扶手中部，由乘客操纵。总开关上还安装有控制车窗开关的锁止开关，如果锁止，所有乘客侧车窗开关就不起作用了。

图 4-2-11　电动车窗总开关

吉利帝豪 EV450 的四个玻璃升降开关均是小电流控制大电流，并具有过载电流保护功能。

二、电动车窗数据流的读取及初始化设定

（一）电动车窗数据流的读取

连接诊断仪，打开点火开关，选择车身系统进入电动车窗系统读取各开关活动数据。

（二）电动车窗的初始化设定

若要初始化系统，玻璃必须完全上升到顶，并且开关保持上拉状态，直到控制模块停止玻璃升降电机运转为止（在车窗位于顶部堵转 1s 内）。每次系统失去初始化时，必须重复上述操作，以恢复防夹功能。

在初始化后，所有规定的系统功能必须可操作。初始化时，控制模块上的电压不得降至 9V 以下。当控制模块上的供电电压出现瞬间下降但仍大于 6V 时，已初始化的状态保持有效。

每次车窗使用自动向上模式至自动停止时（完全到顶部位置），系统将得到最新的完全到顶位置值，并覆盖以前的数据，用于计算完全上升位置。

特别注意：

（1）只有新数值在已校准值范围内时才覆盖原数值，否则控制模块将忽略新数值。

（2）若初始化程序尚未执行或已经丢失，则不提供自动上升、防夹和舒适性关闭功能。手动升、降和自动下降功能仍可操作。

三、电动天窗基本知识

1. 电动天窗的作用

电动天窗在轿车上装配是非常普遍的，它具有换气通风、除雾和增加视野等功能。

（1）换气通风：换气是汽车加装电动天窗最主要的目的。电动天窗利用负压换气的原理，依靠汽车在行驶时气流在车顶快速流动形成负压，将车内污浊的空气抽出。由于不是直接进风，而是将污浊的空气抽出以及新鲜空气从进气口补充的方式进行通风换气，所以车内气流极其柔和，没有风直接刮在身上的不适感觉，也不会有尘土卷入。

（2）除雾：春夏两季雨水多、湿度大，前风窗玻璃常有雾气，车内空气也容易污浊，这时打开电动天窗至后翘通风位置，雾气很快就可以消失。

（3）增加视野：电动天窗特别是全景天窗可以开阔驾乘人员的视野，并且能够使驾乘人员亲近自然和沐浴阳光，减轻被封在车厢内的压抑感。

2. 电动天窗的结构

汽车电动天窗的基本结构如图4-2-12所示。它主要由天窗控制模块，天窗开关，带压力传感器和限位传感器的天窗电机、天窗玻璃、天窗遮阳板等组成。

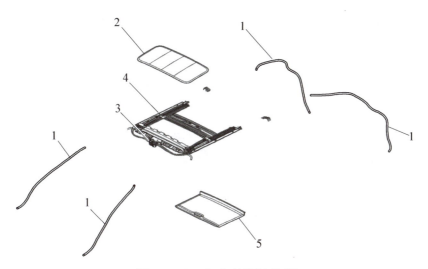

图4-2-12 电动车窗结构图
1—天窗导水管；2—天窗玻璃；3—天窗电机；4—天窗骨架；5—遮阳板

天窗开关主要包括滑动开关和斜升开关。滑动开关有滑动打开、滑动关闭和断开（中间位置）3个挡位。斜升开关也是有斜升、斜降和断开（中间位置）3个挡位。通过操作这些开关，使天窗电动机实现正反转，从而实现不同工作状态。天窗电机与控制模块集成为一体，线束连接器共有6针，针脚定义如表4-2-1所示，其中翻转开关和滑动开关都为接地信号，当开关按下时，信号电路将为低电压。

表4-2-1 电动天窗线束连接器针脚定义

端子号	端子定义	颜色	端子状态	说明
A	B+	W	电源	蓄电池电源
B	接地	B	电源	接地
C	IG1	Gr/Y	电源	启动电源
H	翻转开关	B/G	输出	翻转信号输出
G	滑动开关	B/W	输出	滑动信号输出

电动天窗的4个角都设有导水管，电动天窗最常见的故障就是导水管堵塞或脱落造成汽车顶棚漏水。

四、电动天窗数据流的读取及初始化设定

（一）电动天窗数据流的读取

连接诊断仪，打开点火开关，选择车身系统进入电动天窗系统读取各开关活动数据。

（二）电动天窗的初始化设定

当天窗的初始位置失效时，可以通过初始化设置来执行。在完全翻转位置时，按住翻转开关超过5s，天窗将执行初始化操作。

任务学习测评

一、选择题

1. 电动天窗电机与控制模块线束连接器"A"端子的定义是（   ）。
   A. 接地   B. IG1   C. B+   D. 翻转开关

2. 电动天窗电机与控制模块线束连接器"H"端子的线束颜色是（   ）。
   A. W   B. B/G   C. B/W   D. Gr/Y

3. 吉利帝豪EV450的四个玻璃升降电机均具有连续输出（   ）保护功能。
   A. 2s   B. 4s   C. 6s   D. 8s

4. （   ）不是电动车窗开关种类。
   A. 锁止开关   B. 车窗总开关   C. 滑动开关   D. 车窗开关

二、判断题

1. 电动天窗电机与控制模块线束连接器"C"端子的定义是接地。（　　）

2. 电动天窗没有设置导水管。（　　）

3. 按住翻转开关超过50s，电动天窗将执行初始化操作。（　　）

4. 在检查电动车窗时，无需对左前车窗进行升降检查。（　　）

三、填空题

1. 电动车窗上采用的电机有_____和_____两种。

2. 吉利帝豪EV450的其中左前门玻璃升降器和_____玻璃升降器共用一个电源，其电流为_____A。

3. 要读取电动天窗的数据流，诊断仪需要进入_____系统。

4. 吉利帝豪EV450的玻璃升降器具有四种操作方式：_____、手动下降、_____、_____。

四、解答题

根据所给图片完成表格。

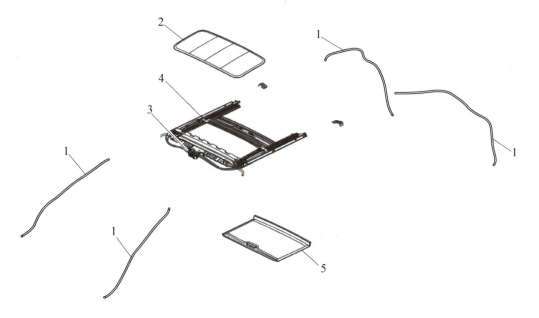

序号	部件名称	序号	部件名称
1		4	天窗骨架
2		5	
3			

学习反思

可以从如下角度进行反思（不少于 200 字）：
1. 对这节课的学习你满意吗？达到你期望的水平了吗？
2. 这节课中你最满意的地方是哪里？
3. 这节课上你有哪些问题还没有解决？为什么？
4. 这节课让你觉得不足的地方在哪里？
5. 课堂上有出乎你意料的事件发生吗？你是如何解决的？
6. 如果让你重新学习这节课，你会怎样学习？

 任务三　舒适系统检查保养

 任务定位

本任务根据汽车运用与维修（含智能新能源汽车）1＋X 证书制度职业技能等级标准中新能源汽车电子电气空调舒适技术【初级】模块四所对应的舒适系统检查保养内容进行设定。

工作情境描述

一辆吉利帝豪 EV450 汽车用户反映，电动座椅的记忆功能出现故障。维修人员详细询问车辆故障现象及故障发生的过程，对车辆进行诊断后，初步判定需要对电动座椅进行检查。

任务描述

维修人员在接到维修任务后,将完成以下工作:
1. 做好前期维修准备工作。
2. 查阅资料找出电动座椅操纵性能检测方法。

任务目标

知识目标
1. 牢记并能准确描述电动座椅操纵性能检测方法。
2. 牢记并能准确描述电动座椅记忆功能测试、恢复方法。
3. 牢记并能准确描述电动座椅初始化设置方法。

技能目标
1. 能对电动座椅操纵性能进行检测。
2. 能对电动座椅记忆功能进行测试、恢复。
3. 能使用解码器对电动座椅进行初始化设置。

素养目标
通过舒适系统检查学习,培养学生 7S 职业意识与素养。

任务实施

一、任务准备

(1) 设备准备:吉利帝豪 EV450 新能源整车等。

(2) 工具准备:绝缘维修工具、多功能万用表、诊断仪、维修手册等。

(3) 防护用品准备:绝缘垫、警示牌、绝缘帽、绝缘胶带、绝缘鞋、车内四件套、车外三件套、车轮挡块等。

(4) 清洁工具:抹布、拖把等。

二、任务作业步骤

步骤一 安全防护

(1) 检查车辆在工位上是否停放周正,安装好车辆挡块;在车辆左前方 1m 处摆放注意有电警示牌并拉好警戒线。

(2) 铺好车内四件套和车外三件套。

(3)穿好绝缘鞋,戴好防护镜,正确检查和戴好绝缘手套。

步骤二　蓄电池电压检查

(1)检查并确认启动开关使电源模式至OFF状态,如图4-3-1所示。

(2)用万用表直流电压20V挡位测量并读取蓄电池电压。

小提示

标准电压为11~14V。

步骤三　电动座椅功能测试

(1)进行前后位置调整。滑道调节范围:滑道前后滑动总行程为200mm±3mm。

(2)进行高度调整,如图4-3-2所示。

图4-3-1　启动开关

图4-3-2　电动座椅调整开关及记忆按钮

(3)靠背调节。靠背调节范围:从设计位置向前25°±3°,从设计位置向后36°±3°。

(4)使用诊断仪对电动座椅进行复位调整。

步骤四　中控门锁功能测试

(1)自动落锁检查,如图4-3-3所示。

(2)自动解锁检查,如图4-3-4所示。

图4-3-3　自动落锁检查

图4-3-4　自动解锁检查

步骤五　电动后视镜功能检查

(1) 左前电动后视镜功能检查，如图 4-3-5 所示。

(2) 右前电动后视镜功能检查，如图 4-3-6 所示。

图 4-3-5　左前电动后视镜功能检查

图 4-3-6　右前电动后视镜功能检查

步骤六　任务结束，整理工位

(1) 车辆断电，将钥匙放到工具车上，锁好汽车。

(2) 收拾工位，做好清洁。

任务考评

1. 任务表

舒适系统检查保养任务表			
一、新能源车辆信息记录			
整车型号		生产日期	
驱动电机型号		动力电池额定电压	
额定功率		额定容量	
车辆识别码		行驶里程	
二、蓄电池检查			
检测项目	检测数据		检测结果
蓄电池电压			正常□　异常□

续表

三、电动座椅功能测试

检测项目	检测结果	检测项目	检测结果
前后调整	正常□ 异常□	靠背调节	正常□ 异常□
高度调整	正常□ 异常□	电动座椅复位调整	正常□ 异常□

四、中控门锁功能测试

检测项目	检测结果
自动落锁检查	正常□ 异常□
自动解锁检查	正常□ 异常□

五、电动后视镜功能检查

检测项目	检测结果	检测项目	检测结果
左前电动后视镜检查	正常□ 异常□	右前电动后视镜检查	正常□ 异常□

2. 评分表

舒适系统检查保养任务评分表

班级：_____ 组别：_____ 姓名：_____

评分项	得分条件	配分	自评	互评	师评
情意面	1. 能进行工位"7S"操作(总分:3分) 2. 能进行设备和工具安全检查(总分:3分) 3. 能进行场地人身安全防护操作(总分:4分) (1)正确安装警戒带和高压电警示牌(2分) (2)在进行36V以上高压电作业时，穿戴绝缘手套、绝缘鞋、绝缘服及护目镜(2分) 4. 能进行工具清洁、校准及复位存放操作(总分:2分) 5. 作业过程能进行"三不落地"操作(总分:3分)	15	□熟练 □不熟练	□熟练 □不熟练	□合格 □不合格
技能面	1. 能正确检查蓄电池电压(总分:3分) 2. 能正确检查电动座椅工作情况(总分:8分) (1)能操作电动座椅进行前后调节(2分) (2)能操作电动座椅进行高度调节(2分) (3)能操作电动座椅进行靠背调节(2分) (4)电动座椅功能检查后是否复位(2分) 3. 能正确检查中控门锁工作情况(总分:6分) (1)能操纵中控门锁实现自动落锁(3分) (2)能操纵中控门锁实现自动解锁(3分) 4. 能正确检查电动后视镜工作情况(总分:8分) (1)能操纵驾驶员侧电动后视镜进行上下左右调节(3分) (2)能操纵乘员侧电动后视镜进行上下左右调节(3分) (3)电动后视镜功能检查后是否复位(2分)	25	□熟练 □不熟练	□熟练 □不熟练	□合格 □不合格

续表

评分项	得分条件	配分	自评	互评	师评
作业面	能正确检查舒适系统工作情况(总分:25分) (1)检查电动座椅按键调节功能(10分) (2)检查中控门锁的自动落锁功能(5分) (3)检查电动后视镜调节功能(10分)	25	□熟练 □不熟练	□熟练 □不熟练	□合格 □不合格
信息面	1. 能正确使用用户手册查询所需资料(总分:4分) (1)查询电动座椅的复位方法(2分) (2)查询电动后视镜的复位方法(2分) 2. 能正确使用设备使用手册查询所需资料(总分:2分) 3. 能在规定时间内查询所需资料(总分:1分) 4. 能正确记录所需维修信息(总分:3分)	10	□熟练 □不熟练	□熟练 □不熟练	□合格 □不合格
工具及设备的使用能力	1. 能正确选用维修工具(总分:3分) 2. 能正确使用维修工具拆装(总分:3分) 3. 能正确使用诊断仪(总分:4分)	10	□熟练 □不熟练	□熟练 □不熟练	□合格 □不合格
分析面	1. 能判断电动座椅工作是否正常(总分:4分) 2. 能判断中控门锁工作是否正常(总分:3分) 3. 能判断电动后视镜工作是否正常(总分:3分)	10	□熟练 □不熟练	□熟练 □不熟练	□合格 □不合格
表单填写与报告的撰写能力	1. 字迹清晰、无错别字(总分:2分) 2. 语句通顺(总分:1分) 3. 无涂改、抄袭(总分:2分)	5	□熟练 □不熟练	□熟练 □不熟练	□合格 □不合格
总计					

知识要点

一、电动座椅基本知识

(一) 部件位置

电动座椅（图 4-3-7）是指以电动机为动力，通过传动装置和执行机构来调节座椅的各种位置，使驾驶员或乘员乘坐舒适的座椅。目前，电动座椅有带电子控制调节系统的电动座椅和不带电子控制调节系统的座椅。

（二）基本结构

吉利帝豪 EV450 的电动座椅（图 4-3-8）主要由电动座椅坐垫、电动座椅靠背、电动座椅调节开关、电动座椅前后调节电机、电动座椅高度调节电机、电动座椅靠背调节电机组成。通过电动座椅调节开关可以对座椅前后、坐垫上下和靠背的前后倾斜进行 6 个方向的调节（图 4-3-9）。

座椅调节开关为所选座椅电机提供电源和接地电路，驱动电机对

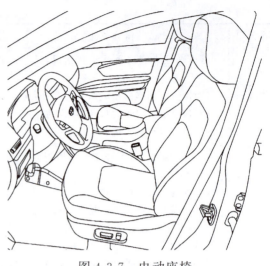

图 4-3-7　电动座椅

座椅进行调节，所有的座椅电机独立工作。各电机都包括一个电子断路器（PTC），该断路器在电路过载情况下断开，而且仅在电路电压切断后才会复位。共有三个座椅调节电机，它们是前后调节电机、高度调节电机和靠背调节电机。前后调节电机使整个座椅向前和向后移动，高度调节电机可以使整个坐垫向上或者向下移动，靠背调节电机使座椅靠背前倾或者后倾。

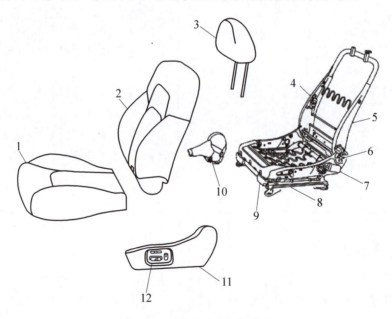

图 4-3-8　电动座椅元件图

1—电动座椅坐垫；2—电动座椅靠背；3—头枕；4—电动座椅腰部支撑旋钮；5—电动座椅支架；
6—电动座椅靠背调节电机；7—电动座椅高度调节电机；8—电动座椅下滑轨总成；
9—电动座椅前后调节电机；10—电动座椅右侧饰板；
11—电动座椅左侧饰板；12—电动座椅调节开关

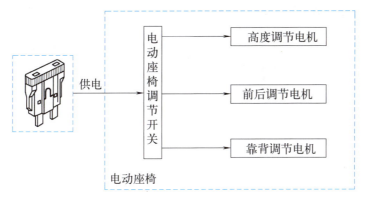

图 4-3-9　电动座椅调节开关控制电机

（三）工作原理

1. 前后调节

当操作座椅调节开关使整个座椅向前移动时，蓄电池正极电压通过开关触点和前后调节电机向前控制电路施加至电机。电机通过前后调节电机向后开关触点和前后调节电机向后控制电路接地。电机运行以驱动整个座椅向前移动，直到开关松开。向后移动整个座椅和向前移动整个座椅的操作过程类似，不同的是，蓄电池正极电压和接地通过相反的电路施加在电机上，从而使电机反向运转。

2. 高度调节

当操作座椅开关使整个坐垫向上移动时，蓄电池正极电压通过高度调节电机向上开关触点及高度调节电机向上控制电路施加在高度调节电机上。通过向下开关触点及高度调节电机向下控制电路接地。高度调节电机驱动整个座椅向上移动，直到开关松开。向下移动整个座椅和向上移动整个座椅的操作过程类似，不同的是蓄电池正极电压和接地通过相反的电路施加在电机上，从而使电机反向运转。

3. 靠背调节

当操作座椅靠背调节开关使座椅靠背向前倾斜时，蓄电池正极电压通过开关触点和靠背调节电机向前控制电路施加到电机上。电机通过向后开关触点和靠背调节电机向后控制电路接地。电机运行，使座椅靠背向前倾斜，直到开关松开。向后倾斜座椅靠背和向前倾斜座椅靠背的操作过程类似，不同的是蓄电池正极电压和接地通过相反的电路施加在电机上，从而使电机反向运转。

二、电动座椅数据流的读取及记忆功能的设定

（一）电动座椅数据流的读取

连接诊断仪，打开点火开关，选择舒适系统进入电动座椅系统读取电压、

车速等数据信息，如图 4-3-10 所示。

DID 描述	正常范围	单位
ECU 电压（ECU Power Voltage）	9~16	V
车速（Vehicle Speed）	0~120	km/h
故障次数（Occurrence Counter）	0~255	次
第一次故障里程（The Odometer Of First Malfunction）	/	km
最近一次故障里程（The Odometer Of Last Malfunction）	/	km
DTC 老化循环计数器（DTC Aging Cycle Counter）	0~255	—
DTC 出现次数（DTC Occurence Counter）	0~255	—

图 4-3-10　电动座椅数据流列表

（二）电动座椅的记忆功能的设定

点火开关启动后，将座椅调整到舒适状态及预先设定的位置。按动车门板上的 SET 按钮，保持大约 3s，此时 SET 灯亮，选择存储 1 或 2，听到"滴"声响，座椅位置即可被记忆。等再次开车时，只需按设置的 1 或 2 即可。

电动座椅记忆设置方法如下：

（1）点火启动后，使汽车能够处于操作的状态，然后先将座椅调整到舒适或者想预先设定的位置。

（2）按动门板上的 SET 按钮，保持大约 3s，此时 SET 灯亮起，选择存储位置 1 或者 2，听到"滴"的一声，座椅的位置即可被记住。

（3）当下次再次调整座椅的时候，只需要按之前设置好的 1 或者 2，座椅就会自动调到设定的位置，这样就不用手动调节前后以及高度。

只要把座椅推移到极限位置，就能初始化座椅记忆，就可重新按前述步骤设置座椅记忆。

三、中控门锁基本知识、数据流的读取

（一）基础知识

1. 概述

中控门锁利用了每个门锁总成内的一个电磁阀进行控制。门锁只能由左前车门玻璃升降器开关或驾驶员侧车门上的锁芯开关（遥控钥匙操作）来操纵。当用遥控钥匙或左前门锁芯锁止或解锁驾驶员侧车门时，所有车门应该上锁或解锁。

当驾驶员侧车门钥匙转到开锁位置，四门锁打开；当驾驶员侧车门钥匙转到闭锁位置，四门锁闭锁。按车内开锁/闭锁开关（驾驶员侧门板上），四门锁

打开/闭锁。遥控钥匙按开锁/闭锁按钮，四门锁开锁/闭锁。行李舱门可以被遥控器开启或开关开启。在车速达到 5km/h 时，行李舱门开启功能被禁止，如图 4-3-11 所示。

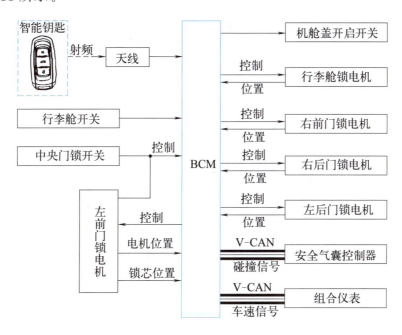

图 4-3-11 中控门锁结构图

2. 自动闭锁与自动解锁

当汽车启动，电源开关处于 ON 状态且车速连续 3s 以上大于 10km/h 后，四门锁会自动闭锁。如果遥控器解锁 15s 后，四车门或行李舱门任一未被打开，车门会自动重新落锁。

在门锁处于闭锁的状态下，电源模式处于 OFF 状态时，四车门将会自动解锁。无论电源模式在什么状态下，按下遥控器上的行李舱解锁按键超过 2s（或 2 次），行李舱门将会解锁。

3. 中控门锁控制功能

启动开关电源模式 OFF 状态，按一次遥控器上的解锁键，四门解锁，转向灯闪烁三次确认，内灯渐亮，位置灯点亮。启动开关电源模式 OFF 状态，按下遥控器上的闭锁键一次，四车门闭锁，转向灯闪烁确认，内灯渐灭，位置灯熄灭。

按下车内闭锁键，车辆四门锁闭锁。电源模式不在 ON 状态或在 ON 状态且车速小于 15km/h 时，如果中央门锁控制开关按至解锁位置，则 BCM 驱动四门解锁。当车速大于 15km/h 时，中控解锁命令被禁止。电源模式 ON 状态时，除了解除报警操作和行李舱门解锁以外的任何遥控命令都不会被执行。

4. 门锁的组成

门锁（如图4-3-12所示）主要由电机、微动开关、壳体、拉杆等组成。乘客侧门锁内有一个电机、一个微动开关。电机工作电压为9~16V，工作电流≤2A，堵转电流为3A。微动开关反映车门是否开启。驾驶员侧门锁在乘客侧门锁基础上增加两个微动开关，一个反映左前门锁状态信号，一个反映机械锁芯状态信号。

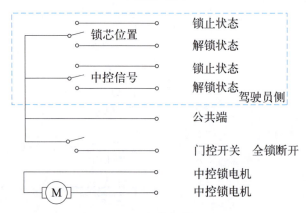

图4-3-12 中控门锁原理图

系统设有两个门锁开关，一个设置在左前门锁内，另一个位于左前门中控开关内。两个门锁开关的上锁信号共同输入BCM同一个输入端子，但解锁信号却是分别输入的。驾驶员车门钥匙锁芯只能单独解锁车门，但可以锁止所有车门。

（二）中控门锁数据流的读取

连接诊断仪，打开点火开关，选择舒适系统进入中控门锁系统读取电压、电流等数据信息。

四、电动后视镜基本知识与模式设定

（一）基本知识

1. 组成

汽车电动后视镜主要指车外后视镜，一般由镜片、驱动电机、控制电路及控制开关组成。

2. 工作原理

电动后视镜（结构如图4-3-13所示）的调节通过后视镜内的两个微型电动机实现，驾驶员只需在车内控制按钮即可操作电动机驱动后视镜做上下左右的摆动来调节位置。

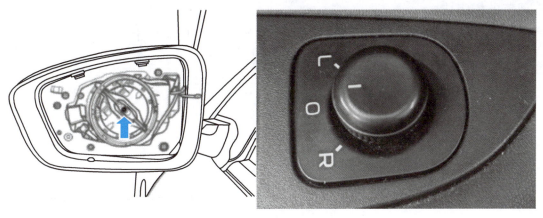

图 4-3-13　电动后视镜结构

(二) 电动后视镜的调整

将选择开关转到"R"的位置可以调节右边的电动后视镜,转到"L"就可以调节左边的电动后视镜。只需将旋钮按向对应的方向就可以调节车外后视镜的角度。

任务学习测评

一、选择题

1. 电动座椅滑道的前后滑动总行程为(　　)mm。
A. 200　　　　B. 150　　　　C. 100　　　　D. 230

2. 电子断路器的英文简称是(　　)。
A. ASR　　　　B. ESP　　　　C. ECU　　　　D. PTC

3. 吉利帝豪 EV450 电动座椅不能实现(　　)位置的调节。
A. 前后　　　　B. 左右　　　　C. 靠背　　　　D. 高度

4. 电源模式处于(　　)状态时,四车门将会自动开锁。
A. ST　　　　B. AC　　　　C. OFF　　　　D. ON

二、判断题

1. 当车速大于 45km/h 时,中控解锁命令被禁止。(　　)

2. 电机工作电压为 9~16V。(　　)

3. 电动后视镜选择开关置于"L"的位置可以调节右边的电动后视镜。(　　)

4. 电动座椅不能实现记忆功能。(　　)

三、填空题

1. 吉利帝豪 EV450 的电动座椅主要由_____、电动座椅靠背、_____、电动座椅____调节电机、电动座椅____调节电机、电动座椅____

调节电机组成。

2. 在车速达到_____ km/h 以上行李舱门开启功能禁止。

3. 要读取中控门锁的数据流，诊断仪需要进入_____系统。

4. 汽车电动后视镜主要指_____后视镜。

四、解答题

根据所给图片完成表格。

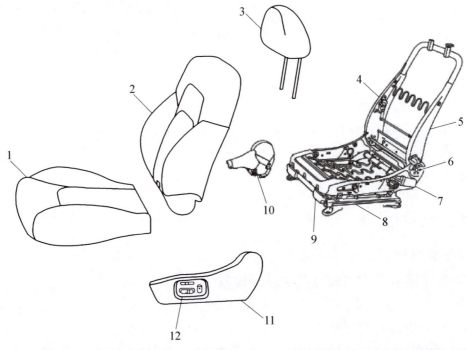

序号	部件名称	序号	部件名称
1		7	
2	电动座椅靠背	8	电动座椅下滑轨总成
3		9	
4		10	电动座椅右侧饰板
5	电动座椅支架	11	电动座椅左侧饰板
6		12	

学习反思

可以从如下角度进行反思（不少于 200 字）：
1. 对这节课的学习你满意吗？达到你期望的水平了吗？
2. 这节课中你最满意的地方是哪里？
3. 这节课上你有哪些问题还没有解决？为什么？
4. 这节课让你觉得不足的地方在哪里？
5. 课堂上有出乎你意料的事件发生吗？你是如何解决的？
6. 如果让你重新学习这节课，你会怎样学习？

素质拓展

"机电神医"——刘源

长安汽车渝北工厂维修电工、高级技师刘源，掌握了横跨电子、电路、自动化、机械、液压气路控制等多个领域的维修知识和技术，对机电设备原理和各类故障有着敏锐的洞察能力和高效的解决能力，被同行誉为"机电神医"。

刘源从小就看着父亲摆弄各种电子元件，渐渐对电器维修产生了兴趣。15岁左右，就正式拜父亲为师，系统学习电器维修。从最基础的认识电阻、电容、晶体三极管学起，中专选择了电子电器专业。16岁时，他子承父业进入长安汽车渝北工厂，成为一名维修工人。

2004年刘源被原劳动和社会保障部（简称劳社部，现为人社部）授予"全国技术能手"称号，2005年被共青团中央和原劳社部授予"全国青年岗位能手"称号，2012年获人社部的"中华技能大奖"，2012年被中国兵器装备集团公司评为"技能大师"……从工人到国家级技能大师，从学者到培育师，刘源一步一个脚印，踏实前行。目前，刘源已为企业培养出了全国技术能手5名、公司技能专家8名。这些学员在各自的岗位上都发挥着举足轻重的作用，刘源也在2015年获得"国家人才培养突出贡献奖"。

参 考 文 献

[1] 胡振川. 新能源汽车电气构造与维修［M］. 重庆：重庆大学出版社. 2021.

[2] 马力，赵慧颖，胡克晓. 新能源汽车电气技术［M］. 北京：机械工业出版社. 2020.

[3] 蒂洛·施特赖歇特. 汽车电子/电气架构［M］. 北京：机械工业出版社. 2017

[4] 吴友生，王健. 汽车电子电气系统［M］. 北京：机械工业出版社. 2015.

[5] 左效波. 汽车电子电气设备检测与维修［M］. 北京：电子工业出版社. 2016.

[6] 刘建平，饶思红. 汽车电工电子基础［M］. 北京：高等教育出版社. 2019.

[7] 于明进，于光明. 汽车电气设备构造与维修［M］. 北京：高等教育出版社. 2007.

[8] 王升平，胡胜，姚建平. 汽车电气设备构造与维修［M］. 北京：机械工业出版社. 2020.